SAMMLUNG GÖSCHEN BAND 391

FINANZWISSENSCHAFT

von

DR. HEINZ KOLMS
Professor an der Technischen Universität Berlin

II

ERWERBSEINKÜNFTE, GEBÜHREN UND BEITRÄGE · ALLGEMEINE STEUERLEHRE

WALTER DE GRUYTER & CO.
vormals G. J. Göschen'sche Verlagshandlung · J. Guttentag, Verlagsbuchhandlung Georg Reimer · Karl J. Trübner · Veit & Comp.
BERLIN 1960

Die Gesamtdarstellung umfaßt folgende Bände:

Band I: Grundlegung. Öffentliche Ausgaben (Band 148)

Band II: Erwerbseinkünfte. Gebühren und Beiträge. Allgemeine Steuerlehre (Band 391)

Band III: Besondere Steuerlehre (Band 776)

Band IV: Öffentlicher Kredit. Haushaltswesen. Finanzausgleich (Band 782)

 — Archiv-Nr. 11 03 91.
Satz und Druck: Paul Funk, Berlin W 35. — Printed in Germany.

Inhaltsverzeichnis

Seite

Kapitel IV. Erwerbseinkünfte ... 6

§ 1. Definition der Erwerbseinkünfte ... 6

§ 2. Problematik der Erwerbseinkünfte ... 8

1. Einnahmepolitische Fragestellung ... 8
   a) „Entlastung des Steuerzahlers" ... 8
   b) Nachhaltigkeit ... 9
2. Produktionswirtschaftliche Fragestellung ... 10
   a) Volkswirtschaftliche Ergiebigkeit ... 10
   b) Wirtschaftliche Macht ... 11
   c) Wirtschaftslenkung ... 12

§ 3. Organisationsformen öffentlicher Betriebe ... 12

1. Der reine Verwaltungsbetrieb ... 12
2. Der verselbständigte Verwaltungsbetrieb ... 13
3. Öffentliche Betriebe als selbständige Wirtschaftsgebilde .. 14
4. Gemischtwirtschaftliche Unternehmungen ... 15

§ 4. Statistische Übersicht ... 16

Kapitel V. Gebühren und Beiträge ... 20

§ 1. Definitionen ... 20

1. Abgrenzung von Erwerbseinkünften und Steuern ... 20
2. Abgrenzung der Gebühren von den Beiträgen ... 22

§ 2. Gebühren- und Beitragsarten ... 22

1. Gebührenarten ... 22
2. Beitragsarten ... 24

§ 3. Statistische Übersicht ... 26

Kapitel VI. Allgemeine Steuerlehre ... 26

§ 1. Aufgabenstellung der allgemeinen Steuerlehre ... 26

§ 2. Definition der Steuern ... 27

§ 3. Steuersubjekt, Steuerobjekt ... 29

1. Steuersubjekt ... 29
2. Steuerobjekt ... 30

§ 4. Steuertarif ... 31

1. Begriffe der Tariflehre ... 31

Seite

2. Tariftypen ... 36
   a) Proportionalität ... 36
   b) Progression ... 36
   c) Regression ... 36
3. Tarifformen ... 37
   a) Durchgehende Formeln für den gesamten Tarifbereich .. 38
   b) Bereichsstufentarife ... 43
   c) Tarife mit abschnittsweise veränderten Tarifformeln bzw. Tariftypen ... 48
4. Tariftechnik ... 51

§ 5. **Gliederung der Steuern** ... 52

1. Nach dem Abgabemittel ... 53
2. Nach der Erhebungstechnik ... 53
3. Nach der zeitlichen Geltung ... 54
4. Nach dem Steuerobjekt ... 55
   a) Die Dimension des Steuerobjektes ... 56
   b) Bemessungsmaßstab des Steuerobjektes ... 56
   c) Iststeuern — Sollsteuern ... 57
   d) Subjektive — objektive Steuern ... 57
5. Nach dem Ertragsberechtigten ... 59
6. Nach der Verwendung der Steuererträge ... 61
7. Nach der Stellung im Steuersystem ... 61
8. Direkte — indirekte Steuern ... 62
9. Nach den ökonomischen Wirkungen ... 64

§ 6. **Steuersystem** ... 65

1. Begriff ... 65
2. Rationales Steuersystem ... 65
   a) Ergiebigkeit ... 66
   b) Redistribution ... 66
   c) Beschäftigungspolitik ... 67
3. Historische Steuersysteme ... 67
4. Steuerreformen ... 68

§ 7. **Rechtfertigung der Steuern** ... 72

1. Staatsfunktionen ... 72
2. Steuerrechtfertigungslehren ... 73
3. Opfertheorie und Äquivalenztheorie ... 74
4. Kreislauftheoretische Ergänzung ... 75

§ 8. **Grundsätze der Besteuerung** ... 76

1. Übersicht ... 76
2. Die Steuergrundsätze nach Adam Smith ... 77
3. Der Grundsatz der Gleichmäßigkeit der Besteuerung insbesondere ... 78
   a) Ausschließung von Privilegien ... 78
   b) Die Verteilung der Steuerlast nach objektiven und subjektiven Kriterien ... 79

Seite

§ 9. Steuerwirkungen I: Steuerabwehr 83

1. Steuerhinterziehung 84
2. Steuervermeidung 85
   a) Der Tatbestand 85
   b) Die finanzpolitische Bedeutung der Steuervermeidung .. 88
3. Steuereinholung 90
4. Steuerüberwälzung 92
   a) Begriffe der Steuerüberwälzungslehre 92
   b) Zur Entwicklung der Steuerüberwälzungstheorie 93
   c) Der preistheoretische Lösungsversuch 96
   d) Ein kreislauftheoretischer Lösungsversuch 112
5. Steueramortisation 115

§ 10. Steuerwirkungen II: Beschäftigungswirkungen 116

1. Der Zusammenhang zwischen Steuerabwehr und Beschäftigungswirkungen 116
2. Konzeptionen steuerlicher Beschäftigungspolitik 118
   a) Automatische antizyklische Politik 118
   b) Gesteuerte antizyklische Politik 120
   c) Langfristige Politik 121
3. Wirkungen einzelner Steuern 122
4. Wirkungen auf die Investitionen 123

§ 11. Steuerwirkungen III: Verteilungswirkungen 125

1. Steueranstoß 125
2. Formale Inzidenz 126
3. Effektive Inzidenz 130

Literaturhinweise 134

Namensregister 143

Sachregister 144

Erwerbseinkünfte

Nunmehr werden die Einnahmen der öffentlichen Hand behandelt. Einige sehr allgemeine Definitionen wurden bereits in Bd. I geboten. Sie sind jetzt zu schärfen, und die zwischen den verschiedenen Einnahmearten bestehenden Zusammenhänge und auch Übergänge sind zu erörtern.

Kapitel IV. Erwerbseinkünfte

§ 1. Definition der Erwerbseinkünfte

Erwerbseinkünfte der öffentlichen Hand werden wie die Gebühren und Beiträge sowie die Steuern gewöhnlich als ordentliche Einnahmen von den außerordentlichen, in der Regel den Krediten, unterschieden (zu letzteren vgl. Bd. IV). Die Definition der Erwerbseinkünfte knüpft an solche Einnahmen an, die, im Gegensatz zu den Steuern, ein *spezielles* Entgelt für Leistungen öffentlicher Finanzwirtschaften sind. Über Gebühren und Beiträge, die soweit ebenfalls zu dieser Kategorie gehören, wird noch besonders zu sprechen sein. Als Erwerbseinkünfte werden diejenigen speziellen Entgelte bezeichnet, die auf der Grundlage von *Preisen marktmäßig* erworben werden. Die Käufer der angebotenen Güter und Dienste sind in ihren Entscheidungen hinsichtlich des Erwerbs rechtlich völlig frei. Soweit bei den sogenannten Benutzungsgebühren ein ebensolches Element der Freiheit gegeben ist, bilden sie in dieser Hinsicht den Übergang zu den Preiseinkommen.

Vielfach wird als notwendiges Begriffselement der Erwerbseinkünfte die Erzielung von Gewinn im Sinne privatwirtschaftlicher Verhaltensweise gesehen. Eine solche Definition dürfte sich als zu eng erweisen, um die vorliegenden Phänomene voll zu erfassen. Grundsätzlich sind es mehrere Motivreihen, die einer marktwirtschaftlichen Betätigung der öffentlichen Hand zugrundeliegen können: Einmal die Einnahmeerzielung auf eine besondere Weise, als Alternative oder Ergänzung zu anderen Einnahmen, insbesondere den Steuern, zum anderen aber weitere, nicht finanzielle Zwecke: Das Anbieten von Gütern und Diensten, die sonst nicht, noch nicht oder nicht in gleicher Qualität angeboten würden, wobei neben der aktuellen Güterbereitstellung oder dem eigentlichen Betriebszweck auch Förderung und Lenkung als Ziel eine wesentliche Rolle spielen mögen. Die Reineinnahmegewinnung kann, muß aber nicht von den anderen Zielsetzungen überdeckt werden. Zur Klärung ist eine Analyse von Fall zu Fall erforderlich, wobei auch die verschiedenen Ebenen der Willensbildung (politische, fiskalische und betriebliche) in Rechnung zu stellen sind. Auch dann, wenn die Gewinnerzielungsabsicht auf der politischen Ebene, z. B. der des Parlaments, zugunsten anderer Zielsetzungen in den Hintergrund tritt, mag auf der Ebene der Finanzverwaltung und/oder der Betriebsleitungen der Wille zur Erzielung von Reinerträgen dominieren, in dem einen Falle, um dem Haushalt Mittel zuzuführen, im anderen, um Investitionen durchführen oder entsprechende Ansprüche anmelden zu können. Im übrigen ist der tatsächliche Einnahmeerfolg auch von der Marktlage abhängig und deshalb durchaus unterschiedlich, auch im zeitlichen Ablauf bei denselben Betrieben. Denn es bleibt entscheidendes Kriterium, daß die speziellen Entgelte, soweit sie Erwerbseinnahmen sind, nicht kraft Hoheitsgewalt (wie bei den Beiträgen) eingetrieben, sondern in jedem Falle unter Berücksichtigung der Nachfrage „erworben“ werden müssen.

Es erscheint deshalb angebracht, alle Erwerbseinnahmen gemäß der weiteren Definition gemeinsam zu behandeln. Eine engere Definition, welche die Gewinnerzielung als notwendiges Begriffselement enthält, würde wesentliche Bereiche der Wirklichkeit ausschließen.

Grundlage für die Erzielung von Erwerbseinkünften ist das sogenannte Erwerbsvermögen, zu unterscheiden vom Verwaltungsvermögen. Bei dem *Verwaltungsvermögen* handelt es sich um solches Vermögen, das unmittelbar von der Verwaltung benutzt oder von der öffentlichen Hand für eine öffentliche Nutzung zur Verfügung gestellt wird. Bei ihm spielt der Geldertrag keine oder nur eine sehr untergeordnete Rolle.

Das öffentliche *Erwerbsvermögen* wird (so in der deutschen Finanzstatistik) eingeteilt in Betriebe und Beteiligungen einerseits, allgemeines Kapital- und Grundvermögen andererseits. Bei dem allgemeinen *Kapitalvermögen* handelt es sich um Kapitalwerte aller Art, einschließlich Forderungen aus Krediten, die vorwiegend aus wirtschaftspolitischen Gründen zu ungewöhnlichen Bedingungen vergeben worden sind. Hinzu kommen Reservemittel. Das *allgemeine Grundvermögen* besteht aus bebauten und unbebauten Grundstücken, die weder Verwaltungs- noch Betriebszwecken dienen. Im Vordergrund der folgenden Ausführungen stehen die *Betriebe* und *Beteiligungen.*

§ 2. Problematik der Erwerbseinkünfte

Die Problematik der Erwerbseinkünfte ist mehrschichtig: Einmal bietet sich die einnahmepolitische, dann die produktionspolitische Fragestellung an, ein gerade heute heftigem Streit unterliegender Komplex von wirtschafts- und gesellschaftspolitischer Relevanz.

1. Einnahmepolitische Fragestellung

a) „Entlastung des Steuerzahlers“

Die einnahmepolitische Fragestellung knüpft zunächst an eine These an, die ganz grob und etwas ungenau als „Entlastung des Steuerzahlers“ bezeichnet werden kann. Voraussetzung ist, daß eine echte Alternative zwischen Steuereinnahmen und Erwerbseinkünften besteht.

α) Entlastung kann zunächst einmal bedeuten — und das hat als Argument historisch durchaus eine Rolle gespielt —, daß bei Verstärkung marktmäßig erworbener Einnahmen der Anteil der Zwangseinnahmen geringer wird. Diese wären weiterhin unmerkbar — und damit kommt ein Argument zum Zuge, wie es auch, zum Beispiel von Bismarck, zugunsten der indirekten gegenüber den direkten Steuern angeführt wurde —, so daß die bei der Besteuerung etwa auftretenden subjektiven Widerstände fehlten.

Solche Entlastung des Staatsbürgers als Steuerzahler setzt voraus, daß die Erwerbseinkünfte Überschußeinnahmen erbringen. Daneben gibt es aber auch noch Betriebe, die nach dem Prinzip der Kostendeckung (Gesamtkosten gleich Gesamteinnahmen) bewirtschaftet werden. Schließlich sind noch die Unterkostenbetriebe (Zuschußbetriebe) zu erwähnen, bei denen aus den verschiedensten Motiven (z. B. sozialpolitischer, versorgungs- und kulturpolitischer Art) auf eine volle Deckung der Kosten verzichtet wird. Die Tatsache, daß auch mit Gewinnabsicht geführte Betriebe zeitweilig Zuschüsse erfordern, wurde bereits vermerkt. Allerdings sind auch dann noch — gemäß Bruttorechnung — Einnahmen vorhanden, die die Leistungen des Staates zumindest z. T. durch spezielle Gegenleistungen der Leistungsempfänger finanzieren, so daß in gewissem, wenn auch eingeschränktem Maße von einer Entlastung des Steuerzahlers gesprochen werden kann.

β) Der Begriff Entlastung des Steuerzahlers kann auch verteilungspolitische Bezüge beinhalten. Treten Erwerbseinkünfte an die Stelle von direkten progressiven Steuern, werden die Einkommensstarken, treten sie anstelle von indirekten, den Massenlebensbedarf belastenden Steuern, werden die Einkommensschwachen begünstigt. In jedem Falle werden Gewinne, die sonst Privaten zuflössen, nunmehr der öffentlichen Hand und damit der Allgemeinheit zugeführt. Es ist allerdings zu bedenken, daß die Erträge der Gewinnsteuern dadurch sinken, wenn auch (unter der Voraussetzung, daß der Staat gleiche Gewinne erzielt wie Private) nur im Verhältnis zum Steuersatz. Dieses Argument berührt auf alle Fälle Fragen der Wirtschaftsordnung, vgl. Punkt 2, nur daß dort weniger von der Einnahme- als vielmehr von der Leistungsseite die Rede ist.

b) Nachhaltigkeit

Dann taucht immer wieder die Frage der Nachhaltigkeit der öffentlichen Erwerbseinkünfte als Einnahmequelle auf; sie mögen, weil vom Marktgeschehen abhängig, in ihren Erträgen stark schwanken. Das hängt tatbestandsmäßig davon ab, ob das in Frage stehende Angebot einer stark oder schwach einkommenselastischen Nachfrage gegenübersteht. Schwankungen der Erwerbseinnahmen parallel mit der konjunkturellen Entwicklung wurden in traditioneller Betrachtung deswegen negativ beurteilt, weil dadurch der Haushaltsausgleich in der Depression gefährdet würde. Steuern, da Zwangseinnahmen, könnten notfalls erhöht werden, bei den Erwerbseinkünften würde diese Kunst versagen, denn: Zum Ausgleich etwa eingeführte Preiserhöhungen würden die Nachfrage noch stärker drosseln, insbesondere, wenn diese stark preiselastisch ist. Aus fiskalpolitischer Sicht könnte allerdings anders argumentiert werden: Einmal würde der angenommene Tatbestand der antizyklischen Konzeption entgegenkommen, zum anderen könnte angeführt werden, daß der Staat eher als Private depressionsgefährdete Betriebe durchhalten könne, wodurch negative Akzelerationswirkungen verhindert würden.

2. Produktionswirtschaftliche Fragestellung

a) *Volkswirtschaftliche Ergiebigkeit*

Die produktionspolitische Fragestellung knüpft zunächst an die volkswirtschaftliche Ergiebigkeit der öffentlichen Unternehmungstätigkeit an. Ihre Beurteilung erfolgt oft mit Hilfe von Argumenten, die sich auf Überlegungen der nationalökonomischen Klassiker zurückführen lassen: Öffentliche Betriebe könnten nicht die gleiche Rentabilität erreichen wie private Unternehmungen. Weil aber die Suche nach höchster Rentabilität als Medium angenommen wird, durch das über den freispielenden Markt- und Preismechanismus eine Hinordnung der knappen produktiven Quellen auf den Punkt optimaler Verwendung und damit Maximierung des volkswirtschaftlichen Ertrages erfolgt, ergibt sich eine negative Beurteilung der öffentlichen Unternehmenstätigkeit.

Abgesehen davon, daß neuere Wirtschaftstheorie unter dem Eindruck der Monopolisierung im Bereich der privaten Wirtschaft zu teilweise anderen Resultaten gelangt, ist die Begründung für die angenommene Unfähigkeit rentabler Wirtschaftsführung bei den öffentlichen Betrieben zu diskutieren. Sie wird einmal im Fehlen des persönlichen Interesses der leitenden Kräfte, zum anderen in der bei öffentlichen Betrieben vorherrschenden bürokratischen Schwerfälligkeit gesehen. Aber: Während zur Zeit klassischer Begründung in der Privatwirtschaft kleine und mittlere bewegliche Unternehmen vorherrschten, gegenüber einem schwerfälligen Staat, haben sich heute beide Bereiche im Hinblick auf ihre Beweglichkeit mehr und mehr angenähert. Die privatwirtschaftliche Konzentration hat Mammutgebilde unter der Leitung bezahlter Funktionäre hervorgebracht, die nicht mehr voll dem Typ des klassischen (insbesondere von Schumpeter beschriebenen) Unternehmers entsprechen, während andererseits im Rahmen öffentlicher Erwerbstätigkeit teilweise die Methoden privatwirtschaftlicher Unternehmensführung rezipiert worden sind (vgl. dazu § 3). Auch das persönliche Interesse der Leitungskräfte mag dabei durchaus seinen Ort finden.

b) Wirtschaftliche Macht

Eine andere Beurteilung der wirtschaftlichen Betätigung der öffentlichen Hand knüpft an das wirtschaftsordnungspolitische Kriterium der Anhäufung ökonomischer neben der politischen Macht beim Staat an. Es ist immerhin zu bemerken, daß historisch gesehen, unter den Motiven, die zur Übernahme von Wirtschaftsbetrieben durch die öffentliche Hand führten, auch das Streben vorlag, private Monopole zu beseitigen. Selbst in der Gegenwart ist von konsequent neoliberaler Seite geäußert worden, daß in solchen Fällen, wo private Monopolmacht mit den sonstigen Mitteln der Marktformenpolitik nicht ausgeschaltet werden kann, einer Übernahme durch die öffentliche Hand nicht widersprochen werden dürfe, ja diese u. U. sogar zu fordern sei. Die dann wachsende Wirtschaftsmacht der öffentlichen Hand, insbesondere auch die Gefahr der Interessenkollision, könnte — wie auch von sozialistischer Seite durchaus betont — u. a. durch besondere Organisationsformen zu überwinden gesucht werden.

c) *Wirtschaftslenkung*

Im übrigen ist daran zu denken, daß durch die Wirtschaftsbetätigung der öffentlichen Hand auch eine Umlenkung der Wirtschaftsprozesse (Angebot von Gütern, die sonst nicht, noch nicht oder nicht in gleicher Qualität bzw. nicht zu gleichen Preisen angeboten werden; Übernahme von Entwicklungsaufgaben; Übernahme der Preisführerschaft usw.) bewußt erstrebt werden kann. Denn: Die Bewertung durch den Markt auf der Grundlage des Rentabilitätsgesichtspunktes muß durchaus nicht der Bewertung entsprechen, die nach politischen Gesichtspunkten erfolgt. Immerhin ist zu fragen, ob entsprechende Ergebnisse nicht auch durch wirtschaftspolitische Instrumente anderer Art (Geld-, Steuer-, Preispolitik) oder die sogenannte „öffentliche Bindung" privater Unternehmungen (von Eynern) erreicht werden können.

Es sei noch darauf hingewiesen, daß durch die Überführung von Wirtschaftsunternehmungen in die öffentliche Hand auch einer aus nationalpolitischen Gründen abgelehnten „Überfremdung" durch ausländische Wirtschaftsmächte in den früheren Kolonialstaaten Einhalt zu gebieten versucht worden ist.

§ 3. Organisationsformen öffentlicher Betriebe

1. Der reine Verwaltungsbetrieb

Der reine Verwaltungsbetrieb (oder Regiebetrieb), der in Deutschland eine größere Rolle in der Zeit vor dem Ersten Weltkrieg gespielt hat, dann aber mehr und mehr zugunsten anderer Organisationsformen zurücktrat, ist personell und finanziell in die allgemeine Verwaltung eingegliedert. Die Leitungskräfte sind Beamte. Das dem Betriebszweck gewidmete Vermögen ist weder rechtlich noch rechnerisch ausgesondert. Die Einnahmen und Ausgaben des Betriebes sind im öffentlichen Haushalt erfaßt. Es besteht Unterstellung unter die Budgetpflicht. Die kameralistische Buchführung wird angewandt, mitunter sogar ohne jede Anlagenrechnung.

Wenn der *Vorteil* dieser Organisationsform im starken öffentlichen Einfluß auf die Betriebsgebarung liegt, so daß das öffentliche Interesse leichter durchgesetzt werden kann, ist andererseits eine Reihe von *Nachteilen* empfunden worden wie: Einschränkung der finanziellen Bewegungsfreiheit, Schwierigkeiten in den personalpolitischen Verhältnissen, mühsamer und zeitraubender administrativer Instanzenzug mit der Gefahr der Verschleppung wichtiger Entscheide, starke Einflußnahme von Einzel- und Gruppeninteressen und auch die geringe Eignung für eine engere Zusammenarbeit mit anderen Betrieben.

2. Der verselbständigte Verwaltungsbetrieb

Um die Nachteile des reinen Verwaltungs-(Regie-)betriebes zu überwinden, die aus der formalen Einordnung in den kameralistischen Verwaltungsapparat folgen, sind — nach Reformversuchen im Rahmen des Regiebetriebes — weitere Organisationsformen entwickelt worden, von denen zunächst der verselbständigte Verwaltungsbetrieb zu behandeln ist. Hierbei erfolgt eine Teilverselbständigung, die bei rechtlicher Unselbständigkeit ein gewisses wirtschaftliches Eigenleben ermöglicht. Eine solche Entwicklung setzte in Deutschland bereits vor 1914 bei kommunalen Betrieben ein (sogenanntes Leipzig-Dresdener System). Die Deutsche Gemeindeordnung von 1935 in Verbindung mit der Eigenbetriebsverordnung von 1938 brachte für die gemeindlichen Wirtschaftsunternehmungen eine reichseinheitliche Regelung, die mit einigen Abänderungen (vor allem hinsichtlich der nach 1945 abgeschafften Führerstellung des Bürgermeisters) noch heute im Rahmen der Gemeindeordnungen und Eigenbetriebsverordnungen der einzelnen Länder, bei einigen Unterschieden im einzelnen, fortlebt.

Während in zentralen Fragen, z. B. für die Feststellung des Jahresabschlusses und des Wirtschaftsplanes, der Bürgermeister, jetzt: die Gemeindevertretung, die Entscheidung hat, werden die laufenden Geschäfte von der Werksleitung selbständig geführt. Über Gemeinde und Werkleiter steht eine Art Verfassung mit den „Grundrechten" des Eigenbetriebes. Eigenbetriebe sind haushaltsrechtlich als Sondervermögen zu verwalten, nachzuweisen und zu erhalten. Es ist erwerbswirtschaftlich zu rechnen (entweder kaufmännische doppelte oder sogenannte gehobene Kameralbuchführung). Anstelle des ordentlichen Haushaltsplanes tritt der Erfolgsplan, anstelle des außerordentlichen Haushaltsplanes der Finanzplan.

Wie bei den Regiebetrieben zeigt sich indes auch bei den Eigenbetrieben ein gewisser Nachteil darin, daß überörtliche Zusammenschlüsse und Gemeinschaftsbesitz verschiedener öffentlicher Trägergemeinden bei der bisherigen Konstruktion des Eigenbetriebes nicht möglich sind. Da der „Zweckverband" (Gesetz vom 7. 6. 1939) für den gemeinsamen Besitz und Betrieb von wirtschaftlichen Unternehmungen wenig geeignet ist, wird in solchen Fällen wieder zu Gesellschaftsformen des Privatrechts gegriffen, ein Ausweg, den die Eigenbetriebsverordnung verbauen wollte (Johns). Der Plan einer besonderen Form „Öffentliche Unternehmung", bei der auch diese Mängel beseitigt würden, ist diskutiert worden.

Als verselbständigte Verwaltungsbetriebe werden auch die Betriebe nach § 15 der Reichshaushaltsordnung auf Bundes-, vergleichbar auf Landesebene, geführt (z. B. Bundesschleppbetrieb Münster, Bundesdruckerei, Staatliches Hofbräuhaus in München).

Bundesbahn und Bundespost sind auf Grund besonderer Gesetze Sondervermögen des Bundes, in bundeseigener Verwaltung, aber mit eigenem Verwaltungsunterbau (Gesetz über die vermögensrechtlichen Verhältnisse der Deutschen Bundesbahn vom 2. 3. 1951; Bundesbahngesetz vom 13. 12. 1951; Gesetz über die vermögensrechtlichen Verhältnisse der Deutschen Bundespost vom 21. 5. 1953; Gesetz über die Verwaltung der Deutschen Bundespost vom 24. 7. 1953).

3. Öffentliche Betriebe als selbständige Wirtschaftsgebilde

Bei den öffentlichen Betrieben als selbständigen Wirtschaftsgebilden tritt neben der finanziellen und leitungsmäßigen auch eine rechtliche Verselbständigung ein. Sie treten als juristische Personen des öffentlichen oder des privaten Rechts (AG, GmbH, bergrechtliche Gewerkschaft, rechtsfähiger Verein) auf. Die privatrechtlichen Formen sind nach dem Vorgang der Stadt Königsberg kurz vor Ausbruch des Ersten Weltkrieges, vor allem nach dem Kriege (sogenanntes Königsberger System) — eigenartigerweise gerade unter Billigung der Befürworter der Sozialisierung — angewandt worden.

Ihren Vorteil mag man in einer größeren Beweglichkeit (Besoldungspolitik, Wegfallen des Instanzenzuges, Möglichkeiten der Konzentration), ihren Nachteil darin sehen, daß die Einheit der Verwaltung und damit die beim Regiebetrieb bereits in der Organisationsform begründete ständige Einflußnahme der öffentlichen Hand entfällt. Im einzelnen mag diese Form dort sinnvoll erscheinen, wo dem öffentlichen Unternehmen kaufmännischen Sinn erfordernde Aufgaben gestellt sind, weniger dort, wo Aufgaben mehr verwaltungsmäßiger Art vorliegen.

4. Gemischtwirtschaftliche Unternehmungen

Bei einer gemischtwirtschaftlichen (öffentlich-privaten) Unternehmung erfolgt neben der rechtlichen Verselbständigung eine weitergehende finanzielle Verselbständigung dadurch, daß nicht nur öffentliches, sondern auch privates Kapital beteiligt wird. Als juristische Form werden Kapitalgesellschaften (AG, GmbH) bevorzugt, doch kommen auch andere Formen wie rechtsfähiger Verein, Gesellschaft bürgerlichen Rechts, bergrechtliche Gewerkschaft u. a. vor.

Die gemischtwirtschaftliche Unternehmung ist im allgemeinen älter als die öffentliche Unternehmung in privatrechtlicher Form. Sie hat sich vor allem in den Jahren vor dem Ersten Weltkriege lebhaft entwickelt. Der Anstoß ist dabei sowohl von privater Seite (in der Elektrizitätswirtschaft insbesondere wegen der Wegerechte und sonstigen Konzessionen) als auch von Seiten der öffentlichen Hand (Verbreiterung der Kapitalbasis) ausgegangen. Während man vor 1914 hoffte, so eine glückliche Mischung zwischen

Einfluß der öffentlichen Hand und kaufmännischer Initiative zu finden, trat nach 1918 im Zusammenhang mit den Sozialisierungsbestrebungen ein gewisses Mißtrauen der gemischtwirtschaftlichen Unternehmung gegenüber auf: Man sah in ihr ein gegenüber der Sozialisierungsidee unzulässiges Zugeständnis an die Privatwirtschaft. Neben diesem wirtschaftsordnungspolitischen Gesichtspunkt mag auch in wohlstandsökonomischer Sicht angeführt werden, daß der Einfluß privatwirtschaftlichen Gewinninteresses das gemeinwirtschaftliche Interesse überwiegen mag. Hier stoßen zwei Welten aufeinander, die sich nicht immer leicht vereinbaren lassen.

Im Verlauf der gegenwärtig aus gesellschaftspolitischen Gründen anlaufenden Reprivatisierung von bisher allein im öffentlichen Eigentum befindlichen privatrechtlich organisierten öffentlichen Betrieben entstehen — zumindest vorübergehend — neue gemischtwirtschaftliche Unternehmungen.

§ 4. Statistische Übersicht

Die Einnahmen aus dem Erwerbsvermögen bilden nur einen kleinen Teil der Gesamteinnahmen der öffentlichen Hand. Sie zeigen (vgl. Tabelle I) in den Jahren 1953 bis 1956, absolut gesehen eine leicht steigende Tendenz, relativ dagegen bleiben sie etwa gleich.

Tabelle II zeigt eine Gliederung der Erwerbseinkünfte nach Arten und Gebietskörperschaften im Jahre 1956. Es fällt auf, daß bei den Einnahmen aus Betrieben und Beteiligungen Überschüsse vorwiegend aus Versorgungsunternehmungen, land- und forstwirtschaftlichen Unternehmen sowie Bank-, Spar- und Kreditinstituten stammen, die Verkehrsunternehmen dagegen Defizite aufweisen. Die Einnahmen aus dem Kapitalvermögen (darin sind z. B. auch die Zinserträge aus Kassenguthaben des Bundes enthalten) treten allgemein gegenüber den Einnahmen aus Betrieben und Beteiligungen zurück. Die Einnahmen aus Bundespost und Bundesbahn sind in den in der Tabelle aufgeführten Zahlen nicht enthalten. Aus dem Sondervermögen Bundespost hat der Bund, jedenfalls soweit es sich

Tabelle I

Einnahmen aus dem Erwerbsvermögen der Gebietskörperschaften der Bundesrepublik Deutschland 1953—1956

in Millionen DM je Rechnungsjahr

Gebietskörperschaft	1953	1954	1955	1956
Bund[1])	143,2	300,0	232,2	282,2
Länder	315,2	292,9	493,8[2])	360,5
Stadtstaaten	55,5	62,8	86,8	71,3
Gemeinden und Gemeindeverbände	433,1	461,9	618,4	577,0
Zusammen	947,0	1 117,7	1 431,2	1 291,1
Gesamteinnahmen aller Körperschaften	46 870,2	49 938,1	55 026,9	59 668,3
Einnahmen aus dem Erwerbsvermögen in v. H. der Gesamteinnahmen	2,0	2,2	2,6	2,2

[1]) Ohne Bundespost und Bundesbahn.

[2]) Hierin sind einmalig Erträge aus staatlichen Forsten Bayerns für drei Halbjahre enthalten.

Quellen: Statistisches Jahrbuch für die Bundesrepublik Deutschland 1958; Die staatlichen Finanzen im Rechnungsjahr 1956; Statistik der Bundesrepublik Deutschland, Bd. 217; v.H. Sätze berechnet.

um die gesetzlich geregelte, in ihrer Höhe vom Umsatz abhängige Ablieferung handelt, in den letzten Jahren stetig steigende Einnahmen bezogen. Im Jahre 1956 waren es 263,7 Millionen DM. Soweit unabhängig davon in dem Auf und Ab der Ertragslage der Deutschen Bundespost überhaupt Reinerträge vorlagen (in den Jahren 1954 bis 1956 wurden — nach Verlusten in den Jahren 1952 und 1953 —, z. T. wegen der Erhöhung der Postgebühren im Jahre 1954, Gewinne erzielt), kamen sie allerdings nicht unmittelbar dem Haushalt des Bundes zugute, vielmehr wurden sie vor allem in Anlagen der Bundespost investiert. Die Bundesbahn hat in den letzten Jahren nicht nur keine

Tabelle II

Einnahmen aus dem Erwerbsvermögen nach Arten und Gebietskörperschaften 1956

in Millionen DM im Rechnungsjahr 1956

Art des Erwerbsvermögens	Bund[1])	Länder	Stadtstaaten	Gemeinden u. Gemeindeverbände	Zusammen
Betriebe und Beteiligungen					
Versorgungs- u. Verkehrsunternehmen	3,7	7,4	12,7	363,2	387,0
davon:					
Versorgungsunternehmen	0,0	9,4	58,1	257,9	325,5
Verkehrsunternehmen	3,7	– 2,1	– 45,5	– 12,2	– 56,1
kombinierte Verkehrs- und Versorgungsunternehmen	—	—	—	117,5	117,5
Land- u. forstwirtschaftl. Unternehmen	6,7	248,7	– 0,9	183,8	438,3
Gewerbl. und industrielle Unternehmen	33,9	2,5	0,1	.[2])	36,6
Bank-, Spar- u. Kreditinstitute	71,7	23,6	13,6	– 0,1	108,8

2*

Übrige Unternehmen	0,3	3,3	0,7	– 25,4	– 21,1
Zusammen	116,3	285,6	26,2	521,5	949,6
Allgemeines Kapital- u. Grundvermögen, Sondervermögen					
Allgemeines Kapitalvermögen	127,8	57,0	19,6	39,9	244,3
Allgemeines Grundvermögen	35,9	17,6	26,3	15,7	95,6
Sondervermögen	2,1	0,3	– 0,7	—	1,7
Zusammen	165,9	74,9	45,2	55,6	341,5
Erwerbsvermögen insgesamt	282,2	360,5	71,3	577,0	1 291,1

1) Ohne Bundespost und Bundesbahn.

2) Bei „übrige Unternehmen" erfaßt.

Quellen: Statistisches Jahrbuch für die Bundesrepublik Deutschland 1958; Die staatlichen Finanzen im Rechnungsjahr 1956; Statistik der Bundesrepublik Deutschland Bd. 217.

Reineinnahmen für den Bundeshaushalt gebracht, sondern sogar vom Bund Finanzierungshilfen (so 1956 eine Liquiditätshilfe von 476 Millionen DM und eine Finanzierungshilfe von 34,4 Millionen DM zur Tilgung von Zinsrückständen) in Anspruch genommen. Unter Berücksichtigung von Bundespost und Bundesbahn hat der Bund also im Jahre 1956 aus Betrieben und Beteiligungen einen Fehlbetrag von 130,3 Millionen DM zu verzeichnen und somit aus dem Erwerbsvermögen insgesamt nur 24,6 Millionen DM Reineinnahme bezogen.

Die Länder haben vorwiegend Einnahmen aus land- und forstwirtschaftlichen Betrieben. Die Gemeinden und Gemeindeverbände erhalten Einnahmen vornehmlich aus den Versorgungsunternehmen.

Kapitel V. Gebühren und Beiträge

§ 1. Definitionen

1. Abgrenzung von Erwerbseinkünften und Steuern

Die Gebühren und Beiträge werden wie die Erwerbseinkünfte auf Grund einer besonderen Leistung der öffentlichen Hand erhoben. Das unterscheidet sie von den Steuern, bei denen eine spezielle Gegenleistung fehlt. Während aber die Erwerbseinkünfte als Preiseinkommen marktmäßig erworben werden, also Gegenstand freiwilliger Vereinbarungen sind, tritt bei den Gebühren und Beiträgen — ähnlich wie bei den Steuern — ein Element öffentlich-rechtlichen Zwanges in Erscheinung, indem eine öffentliche Körperschaft durch Gesetz, Verordnung oder Satzung eine gewisse — bestimmte Tatbestände erfüllende — Personengruppe zur *Entgegennahme* der Leistung eines öffentlichen Gemeinwesens oder einer öffentlichen Anstalt *zwingt*, für die dann Gebühren oder Beiträge zu entrichten sind. Dieser Zwang zur Entgegennahme einer öffentlichen Leistung liegt für eine Person allerdings nur insoweit vor, als für sie die vom Staat vorausgesetzten Tatbestände gegeben sind; wenn sie ihre persönlichen Umstände derart gestaltet, daß diese Voraussetzungen nicht erfüllt sind — was gradmäßig leichter bei den Gebühren als bei den Beiträgen zu erreichen ist —, so entfällt der Zwang zur Leistungsentgegennahme und damit auch die Zahlungspflicht.

Wer z. B. als Arzt praktizieren will, *muß* nach erfolgtem Studium Prüfungen ablegen (also Leistungen der Prüfer entgegennehmen), für die Gebühren zu leisten sind. Wer ein Haus in einer bestimmten Gemeinde besitzt, ist unter gegebenen Voraussetzungen zwangsweise der Müllabfuhr und der Straßenreinigung angeschlossen. Im Gegensatz dazu braucht kein Hausbesitzer elektrischen Strom allein aus dem Grunde zu beziehen, weil dieser von einem öffentlichen Betriebe angeboten wird. Er mag sich, wenn er will, durchaus mit Petroleumbeleuchtung zufrieden geben und das Petroleum von privater Hand beziehen. Soweit ist eine Scheidung der Erwerbseinkünfte von den Gebühren und Beiträgen gegeben.

Im Sprachgebrauch der Praxis findet man allerdings in sehr unkonsequenter Weise viele Preiseinkünfte als „Gebühren" klassifiziert, z. B. Gebühren für Ärzte, Telefongebühren, Postgebühren etc., obwohl diesen Einkünften das Element des öffentlichen Zwanges zur Leistungsentgegennahme fehlt.

Die Abgrenzung der Gebühren und Beiträge von den Steuern ist dadurch gegeben, daß es sich bei den Gebühren und Beiträgen um Zahlungen handelt, die für spezielle Leistungen der öffentlichen Hand zugunsten der Zahlungspflichtigen erfolgen, während bei den Steuern eine solche spezielle Gegenleistung fehlt. In dem Maße jedoch, wie der Gedanke einer speziellen Entgeltlichkeit auch in der Verteilung der Steuerlasten durchdringt, würden die Steuern insoweit Gebühren- oder Beitragscharakter annehmen, als sie vorteilsäquivalent erhoben werden. Andererseits können in den Gebühren dann, wenn sie den speziellen Vorteil, der dem einzelnen zuteil wird, übersteigen (eine Frage der Bewertungsmöglichkeit), Steuerelemente enthalten sein.

2. Abgrenzung der Gebühren von den Beiträgen

Die Gebühren und Beiträge selbst unterscheiden sich nach Gerloff dadurch, daß Gebühren das Entgelt für eine „unmittelbare Inanspruchnahme der gebotenen Leistung oder Veranstaltung" sind, während Beiträge „ein Entgelt für mittelbare Vorteile (sind), die jemandem aus der Herstellung und Unterhaltung öffentlicher Veranstaltungen erwachsen". Während aber die Gebührenpflicht durch eine unmittelbare Inanspruchnahme der öffentlichen Gewalt ausgelöst, d. h. der gebührenpflichtige Akt durch den Gebührenpflichtigen „provoziert" wird, erfolgt dagegen „die Veranstaltung, die den Beitrag im Gefolge hat ... unabhängig von einer Veranlassung (Provokation) seitens der Beteiligten, ja möglicherweise sogar gegen deren Willen". Dabei mag auch darauf hingewiesen werden, daß die Beiträge (in der Regel) Belastungen („Vorzugslasten") sind, die zum Ausgleich dauerhafter Vorteile erhoben werden, im Gegensatz zu den Gebühren, die für abgrenzbare Einzelleistungen zu zahlen sind.

§ 2. Gebühren- und Beitragsarten

1. Gebührenarten

Die Gebühren können zunächst (a) *nach dem Empfänger* gegliedert werden. Fließen die erhobenen Entgelte öffentlichen Gemeinwesen (Bund, Ländern, Gemeinden usw.) zu, spricht man von unmittelbaren oder *Fiskalgebühren;* handelt es sich dagegen um Vergütungen, die den Beamten für bestimmte Dienstleistungen von den Empfängern zu entrichten sind, so von mittelbaren Gebühren oder *Sporteln.* Diese hatten früher eine große Bedeutung, gaben übrigens auch wegen ihrer Einträglichkeit Anlaß zur Ämterpacht und zum Ämterhandel, sind heute im allgemeinen zugunsten der Fiskalgebühren zurückgedrängt, spielen aber als Notargebühren und Vorlesungsgebührnisse noch eine gewisse Rolle. Weiter (b) bietet sich eine Gliederung *nach dem Anlaß* der Gebührenerhebung an. Nach dem Preußischen Kommunalabgabengesetz vom 14. Juli 1893, das noch weithin gültiges Recht ist oder als Vorbild für eigene Gesetzgebung gedient hat, wird zwischen *Verwaltungs-* und *Benutzungsgebühren* unterschieden. Das Berliner Gesetz über Gebühren und Beiträge vom 22. Mai 1957 definiert wie folgt:

„Verwaltungsgebühren werden für die Vornahme von einzelnen Amtshandlungen erhoben, die ... in überwiegendem Interesse einzelner vorgenommen werden. ... Benutzungsgebühren werden als Gegenleistung für die Benutzung öffentlicher Einrichtungen sowie für damit in Zusammenhang stehende Leistungen erhoben."

Weiterhin (c) ist nach den *Betätigungsgebieten* zu unterscheiden, auf denen sich die Leistungen des Gemeinwesens bewegen, „und hier ergeben sich somit ebensoviel verschiedene Unterarten von Gebühren, als es solche Betätigungsgebiete gibt" (Strutz). Gerloff zählt allein an bundesrechtlich geregelten Verwaltungsgebühren auf: Gebühren auf dem Gebiete des Patentwesens, des Schutzes der Warenbezeichnung, des Gebrauchsmusterschutzes, des Schutzes von Mustern und Modellen, für den Schutz geistigen Eigentums, des Zollwesens, der Auslandsvertretungen, Gebühren für gewisse Prüfungen, Paßgebühren, Gebühren der Standesämter, der Gesundheitsämter, für Ausstellung von Schiffsdienstbüchern, für die Eichung von Binnenschiffen, für die Prüfung von Kraftfahrzeugen und Kraftfahrzeugführern, Eichgebühren. Im weiteren (d) werden die Gebühren in (an einzelne Akte amtlicher Tätigkeit anknüpfende) *Einzel*gebühren und (für eine zusammengefaßte ganze Reihe von Amtstätigkeiten normierte) *Pauschal*gebühren eingeteilt, ferner (e) in *feste* und *veränderliche*. Erstere werden überall, wo sie zur Anwendung kommen, in gleicher Höhe erhoben, die veränderlichen dagegen je nach den besonderen Umständen in verschiedenen Sätzen: als *Rahmengebühren* mit Spielraum für die festsetzende Behörde zwischen einem Höchst- und Mindestsatz; als *Gradationsgebühren*, die sich nach der Zeitdauer der Amtshandlung oder nach dem Wert des Gegenstandes (als Prozentualgebühren oder als Klassengebühren) richten.

2. Beitragsarten

Zunächst (a) ist hier eine Unterscheidung nach den *Empfängern* möglich. Neben den von den öffentlichen Gebietskörperschaften selbst erhobenen sind Beiträge zu verzeichnen, die von den in der Finanzwissenschaft sogenannten „intermediären Finanzgewalten“, z. B. der Sozialversicherung, eingefordert werden. Dann können (b) die Beiträge nach *Betätigungsgebieten* unterschieden werden. Da sind zunächst die zu nennen, die im Zusammenhang mit der Aufschließung des Bodens und dem Städtebau erhoben werden. Hier spielen die Anliegerbeiträge (z. B. für den Straßenbau, Kanalisierung) eine vorzügliche Rolle wie auch Mehrwertabgaben, z. B. in Frankreich, die für die Wertsteigerung des Bodens infolge öffentlicher Aufwendungen erhoben werden können. Weiterhin zu erwähnen sind (naturale) Enteignungsrechte zur Herbeiführung eines Vorteilsausgleichs auf indirektem Wege. Dann wird im Sozialversicherungswesen mit Beiträgen gearbeitet. Beiträge können auch z. B. von Kammern und Innungen als Ersatz für die Kosten erhoben werden, die für die Wahrung berufsständischer Belange aufgewandt werden. (c) Im Hinblick auf die *Bemessungshöhe* können die Beiträge gemäß den Vorteilen erhoben werden, die den Nutznießern einer besonderen Betätigung der öffentlichen Hand oder intermediärer Finanzgewalten erwachsen. Aber auch andere Maßstäbe wie Länge der Straßenfront werden als Hilfsgrößen herangezogen. Z. T. werden überhaupt nicht dem Äquivalenzprinzip folgende Maßstäbe benutzt. So z. B. bei den Abgaben für die Sozialversicherung. Würden sie gemäß dem Versicherungsprinzip erhoben, würde die Verteilung der Gesamtlast auf dem Wege weitgehender Prämiendifferenzierung erfolgen zu dem Zwecke, den besonderen Wagnissen in jedem einzelnen Falle Rechnung zu tragen (Büchner). Wird dagegen die Leistungsfähigkeit der Pflichtigen zwar in bezug auf die Beitragshöhe in Rechnung gestellt, ohne daß aber die spätere Gegenleistung des Versicherungsträgers (Renten, Krankengelder usw.) voll darauf Bezug nimmt, und werden zumal neben den un-

Tabelle III

Gebühren und Beiträge (einschließlich Entgelte und Strafen)[1]) der Gebietskörperschaften in der Bundesrepublik Deutschland 1953—1956

in Millionen DM je Rechnungsjahr

Gebietskörperschaft	1953	1954	1955	1956
Bund	304,8	292,3	186,0	150,3
Länder	769,7	792,1	857,1	920,9
Stadtstaaten	322,3	343,1	361,7	398,1
Gemeinden und Gemeindeverbände	1 507,4	1 727,1	1 900,3	2 097,9
Zusammen	2 904,3	3 154,5	3 305,0	3 567,3
Gesamteinnahmen aller Körperschaften	46 870,2	49 938,1	55 026,9	59 668,3
Einnahmen aus Gebühren und Beiträgen (einschl. Entgelten und Strafen) in v. H. der Gesamteinnahmen	6,2	6,3	6,0	6,0

[1]) In den Statistiken über Gebühren und Beiträge sind auch Entgelte und Strafen enthalten, jedoch entfällt auf die ersteren der größere Anteil.

Quellen: Die staatlichen Finanzen im Rechnungsjahr 1955 bzw. 1956; Die kommunalen Finanzen im Rechnungsjahr 1956; beides Statistik der Bundesrepublik Deutschland. Bde. 192 bzw. 217 und 216; v.H. Sätze berechnet.

mittelbar Begünstigten auch die Arbeitgeber zur Einnahmebeschaffung herangezogen, so zeigt sich hier ein Übergang zur Steuer.

§ 3. Statistische Übersicht

Die Einnahmen aus Gebühren und Beiträgen der öffentlichen Gebietskörperschaften in der Bundesrepublik Deutschland (vgl. Tabelle III) liegen insgesamt etwas höher als die Erwerbseinkünfte. Für den Bund sind sie im Rahmen der Gesamteinnahmen unerheblich. Gemeinden und Gemeindeverbände beziehen dagegen einen durchaus ins Gewicht fallenden Teil ihrer Einnahmen aus Gebühren und Beiträgen. Darunter stehen die Einnahmen aus der Stadtentwässerung, den Einrichtungen der Lebensmittelversorgung und dem Marktwesen sowie der Müllbeseitigung und Straßenreinigung, allerdings auch aus Krankenhäusern und Heimen, im Vordergrund.

Kapitel VI. Allgemeine Steuerlehre

§ 1. Aufgabenstellung der allgemeinen Steuerlehre

Die allgemeine Steuerlehre steht systematisch vor der speziellen Steuerlehre. Sie bietet in den folgenden §§ 2 bis 4 zunächst eine Abgrenzung der Steuern und ihrer notwendigen Begriffsinhalte Steuerobjekt und Steuersubjekt sowie eine allgemeine Steuertariflehre. Die allgemeine Definition der Steuern wird durch eine Darstellung der für die Steuersystematik bedeutsamen Merkmale der Einzelsteuern (Einteilung der Steuern, § 5) und ihre Zusammenschau im Rahmen des Steuersystems (§ 6) ergänzt.

Da Steuern Menschenwerk sind, sind sie wesensmäßig bestimmt durch die Zielsetzungen, die mit ihnen verbunden werden. Das schlägt sich einmal in den Rechtfertigungslehren der Besteuerung (§ 7) nieder, dann in der Lehre von den Steuerprinzipien (§ 8). Insbesondere sind aber die alle Steuergeschichte durchziehenden Steuerkämpfe ohne Bezugnahme auf die ihnen zugrundeliegenden Zielsetzungen nicht verstehbar. Dabei ist von vornherein zu bemerken, daß der wie auch immer begründete Kampf um ein bestimmtes Steuersystem, um Art und Form von Einzelsteuern usw. nur ein politischer Kampf der ersten Stufe sein kann; der Erfolg, d. h. die Erreichung gesetzter Ziele ist immer abhängig von dem, was die innerwirtschaftlichen Kräfte davon übriglassen.

Diesen Problemkomplex umfaßt, wenigstens zum Teil, die Steuerwirkungslehre. Sie hat einen doppelten Charakter, da sie auf der einen Seite die sich ergebenden Wirkungen (nach Durchlauf des Interdependenzspiels der ökonomischen Kräfte) behandelt, zum anderen aber auch Zielsetzungselemente in sich aufnimmt, nämlich dann, wenn bestimmte Steuerwirkungen bewußt gesucht werden, weil sie dem politischen Wollen entsprechen. Es erfolgt somit eines Umkehrung der Fragestellung: Steuerwirkungen werden, zunächst im Modell, zu Zielen. Im einzelnen umfaßt die Steuerwirkungslehre die Lehre von der Steuerabwehr, von den Beschäftigungswirkungen und von den Einkommensverteilungswirkungen, die in den §§ 9 bis 11 behandelt werden.

§ 2. Definition der Steuern

Bereits bei der Behandlung der Erwerbseinkünfte und Gebühren wurden Elemente der Steuerdefinition vergleichend vorweggenommen, wonach die Steuern (a) *Zwangseinnahmen* der öffentlichen Hand sind, denen (b) *keine spezielle Gegenleistung* der öffentlichen Hand zugunsten der Steuerpflichtigen gegenübersteht. Die Gegenleistung ist vielmehr eine allgemeine. Durch (a) sind die Steuern somit von den Erwerbseinkünften, durch (b) von den Gebühren und Beiträgen zu unterscheiden. Auf Übergangserscheinungen wurde dabei an Ort und Stelle verwiesen.

Diese Elemente der Abgrenzung der Steuern sind auch — zumindest implicite — in der deutschen Legaldefinition enthalten, wie sie in § 1, 1 der Reichsabgabenordnung („Grundgesetz" der Besteuerung, seit 1919), gegeben ist. Diese lautet:

„Steuern sind einmalige oder laufende Geldleistungen, die nicht eine Gegenleistung für eine besondere Leistung darstellen und von einem öffentlich-rechtlichen Gemeinwesen zur Erzielung von Einkünften allen auferlegt werden, bei denen der Tatbestand zutrifft, an den das Gesetz die Leistungspflicht knüpft. Zölle fallen darunter; nicht darunter fallen Gebühren für besondere Inanspruchnahme der Verwaltung und Beiträge (Vorzugslasten)."

Es ist zu beachten, daß die Leistungsart, die mit dem Namen Steuern verbunden wird, gewiß historischem Wandel unterworfen ist. Das zeigt die Steuergeschichte, von der Elemente in späteren Paragraphen erscheinen. Dann: Steuern sind Instrumente zur Erfüllung menschlicher Zielsetzungen. Diese aber verändern sich in gewissem Maße. Dem politischen Wollen mag dabei eine bestimmte finanzpolitische Theorie, die ihrerseits durch übergeordnete staats- und gesellschaftspolitische Vorstellungen fundiert wird, zugrundeliegen. Von hier aus gesehen kann sowohl das zwangsmäßige Element als vor allem auch das Kriterium der nicht speziellen Gegenleistung in durchaus unterschiedlicher Weise betont werden. Klassische Steuertheorie mit ihrer do-ut-des-Auffassung der Beziehungen zwischen Staat und Staatsbürgern und darauf aufbauender Äquivalenztheorie ließ der speziellen Gegenleistung — zumindest — mehr Raum als die Opfertheorie der Antiklassik des 19. Jahrhunderts. Davon und von anderen Besteuerungstheorien wird noch unten die Rede sein. Hier ist bereits darauf hinzuweisen, daß eine Deutung der Standpunkte in Steuerkämpfen ohne Bezugnahme auf die zugrundeliegende Theorie nicht möglich erscheint. Vgl. etwa die in der Diskussion um die Besteuerung des Kraftfahrzeugverkehrs immer wieder auftretende Neigung, hier dem Zwecksteuergesichtspunkt Durchbruch zu verschaffen. Die Blickrichtung auf die besonderen Lasten, die dem Staat durch Bau und Erhaltung der Verkehrswege entstehen einerseits, der Gedanke des „Anspruchs" der Steuerzahler auf entsprechende Gegenleistungen der öffentlichen Hand andererseits, sind in der Tat nicht ohne Rückgriff auf ein, allerdings sehr eng gefaßtes, Äquivalenzprinzip zu verstehen. Die diskutierten Steuern tragen Elemente in sich, die sie gegenüber der allgemeinen Legaldefinition der Steuern in der Richtung abwandeln, daß sie tendenziell in die Nähe der Benutzungsgebühren rücken.

§ 3. Steuersubjekt, Steuerobjekt

Die Legaldefinition nimmt Bezug auf die für jedes Steuergesetz wesentlichen Figuren des Steuersubjekts und des Steuerobjekts: „Steuern ... (werden) allen auferlegt [Steuersubjekt] .., bei denen der Tatbestand zutrifft [Steuerobjekt], an den das Gesetz die Leistungspflicht knüpft." Diese Begriffe sind näher zu erläutern, wobei neben den juristischen auch ökonomische Abgrenzungen erwähnt werden müssen.

1. Steuersubjekt

Bei der *juristischen* Erfassung des Steuersubjekts treffen wir zunächst auf den Begriff *Steuerpflichtiger*. Das ist nach § 97 der Reichsabgabenordnung (RAO), wer nach den Steuergesetzen eine Steuer als Steuerschuldner zu entrichten hat. *Steuerschuldner* ist, wer in seiner Person den Tatbestand erfüllt, an den das Gesetz die Leistungspflicht knüpft. In der Regel ist das gleichzeitig auch der Steuer*zahlungs*schuldner (Steuerzahler). Das muß jedoch nicht immer zutreffen, wie bei den Steuern, die nach dem Quellenabzugsverfahren erhoben werden: Bei der Lohnsteuer sind die Arbeitnehmer, bei der Kapitalertragsteuer die Eigentümer bestimmter Wertpapiere Steuerschuldner, während jedoch im ersten Fall die Unternehmer, im zweiten Fall die Schuldner der Kapitalerträge zur Einbehaltung und Abführung („Zahlung") der Steuer an das Finanzamt verpflichtet sind.

Im Gegensatz hierzu handelt es sich beim *Steuerträger* um einen *ökonomisch* zu definierenden Begriff. Träger einer Steuer ist derjeninge, auf dem die Last der Steuer ruht (Inzidenz). Sind Steuerschuldner und Steuerträger nicht identisch, so liegt der Tatbestand der Steuerüberwälzung vor. So, wenn es z. B. dem Unternehmer bei einer Erhöhung der Umsatzsteuer gelingt, die von ihm gezahlten Mehrbeträge durch eine dementsprechende Erhöhung des Verkaufspreises der umsatzsteuerbelasteten Leistungen wieder „hereinzuholen".

Denjenigen, der nach Absicht des Gesetzgebers die Steuer tragen soll, nennt man *Steuerdestinatar*. Dabei ist sofort zu betonen: ob der Steuerdestinatar tatsächlich auch der Steuerträger ist, hängt von ökonomischen Bedingungen ab. Es ist denkbar, daß die Absicht des Gesetzgebers nicht realisiert wird. Wenn es z. B. beabsichtigt ist, durch die Erhöhung einer Verbrauchsteuer die Konsumenten des besteuerten Gutes zu belasten, setzt das im Falle einer von den Produzenten zu zahlenden Steuer tatsächliches Gelingen der Überwälzung voraus, im Falle einer von den Konsumenten zu zahlenden Steuer das Nichtgelingen einer Rückwälzung. Beides kann, muß aber nicht der Fall sein. Auch wenn, ein anderes Beispiel, beim Quellenabzugsverfahren der Lohnsteuer ausdrücklich der Unternehmer zum Abzug der Steuern von der auszuzahlenden Lohnsumme verpflichtet wird und damit der Arbeitnehmer gesetzlich Destinatar ist, ist eine Überwälzung grundsätzlich nicht ausgeschlossen. Vielmehr ist durchaus denkbar, daß eine Steuererhöhung durch Lohnsteigerungen wieder ausgeglichen wird.

2. Steuerobjekt

Steuerobjekt oder Gegenstand der Besteuerung ist der *Tatbestand*, dessen Vorhandensein den Anlaß zur Steuererhebung bildet. *Steuerbemessungsgrundlage* ist der in Geld, Gewichts- oder sonstigen Maßeinheiten ausgedrückte Sachverhalt, nach dem der Steuerbetrag errechnet wird. Steuerobjekt und Bemessungsgrundlage sind begrifflich nicht immer identisch. Bei der deutschen Umsatzsteuer z. B. ist Steuerobjekt der Leistungsaustausch, Steuerbemessungsgrundlage aber das vereinnahmte oder vereinbarte Entgelt; bei der Grunderwerbsteuer ist Objekt der Kaufvertrag über das Grundstück, Bemessungsgrundlage der Wert der Gegenleistung oder der Wert des Grundstücks.

Die vom Gesetzgeber zwecks Berechnung der Steuer festgelegte Einheit der Steuerbemessungsgrundlage nennt man *Steuereinheit.* Sie kann, bei den sogenannten spezifischen Steuern, eine Mengen- oder Gewichtseinheit (z. B. kg Kaffee bei der Kaffeesteuer) oder, bei den sogenannten Wertsteuern, eine Geldeinheit (z. B. DM Vermögen oder Einkommen bei der Vermögensteuer oder der Einkommensteuer) sein.

Als *Besteuerungsmenge* hat Bräuer die Vereinigung einer Anzahl von Besteuerungseinheiten zwecks Anwendung des Steuertarifs bezeichnet.

§ 4. Steuertarif

1. Begriffe der Tariflehre

Der Steuertarif ist der Teil eines Steuergesetzes, der das Maß der steuerlichen Belastung wiedergibt.

Wie ein Steuertarif auch aufgebaut ist — sei es, daß die Steuerschuld in absoluten Beträgen[1]), sei es, daß sie in v. H.- oder v. T.-Sätzen[2]) ausgedrückt wird —, immer läßt sich aus ihm der zu entrichtende Steuerbetrag (Steuerschuld) bei einer bestimmten Höhe der Steuerbemessungsgrundlage (Besteuerungsmenge) ablesen oder errechnen. Somit kann ganz allgemein der Steuertarif definiert werden als die bei einer bestimmten Steuer geltende *funktionelle Beziehung* zwischen *Steuerbemessungsgrundlage* und *Steuerbetrag.* Dabei sei als Steuerbetrag (T) bezeichnet die *absolute* Größe der (in Geldeinheiten ausgedrückten) Steuerschuldigkeit bei einer bestimmten

---

1) Gelegentlich, wenn auch terminologisch nicht gerade zweckmäßig, Steuer„sätze" genannt.

2) Vielfach auch noch als Steuer„füße" bezeichnet.

Größe der Steuerbemessungsgrundlage (X). Die Steuerbetragsfunktion[1]) lautet:

(1) $T = T(X)$

Beispiele: Wieviel DM (T) sind zu zahlen, wenn das nach Anwendung der gesetzlichen Bestimmungen im Einzelfalle ermittelte Einkommen X DM beträgt. Oder: Wieviel Zuckersteuer ist vom Produzenten an den Fiskus abzuführen, wenn X Zentner produziert worden sind?

Dagegen wird als *Durchschnittssteuersatz* das Verhältnis zwischen Steuerbetrag T und Bemessungsgrundlage X definiert. Die Durchschnittssteuersatzfunktion lautet:

(2) $\frac{T}{X} = \frac{T(X)}{X}$

Beispiele: Wieviel v. H. des steuerbaren Einkommens sind an den Fiskus abzuführen, wenn das steuerbare Einkommen eine bestimmte Höhe hat. Im Falle spezifischer Steuern (vgl. § 5, 4 b), z. B. der Biersteuer, läßt sich der Durchschnittssatz, da der Nenner nicht, wie der Zähler, eine Geld-, sondern eine Mengengröße (Hektoliter Ausstoß) ist, nicht als v. H.- oder v. T.-Satz angeben, dennoch aber in dem gleichen Sinne einer Durchschnittsgröße, wie diese auch bei den Durchschnitts- oder Stückkosten in der Kostentheorie Verwendung findet: Wieviel DM sind im Durchschnitt für den hl zu zahlen, wenn X hl Vollbier ausgestoßen wurden?[2])

---

1) Liegen mehrere nicht aufeinander rückführbare Bemessungsgrundlagen vor, so handelt es sich um eine mehrdimensionale Beziehung, die wohl darstellerisch komplizierter, im Prinzip aber mit den im folgenden aufgeführten Instrumenten durchdringbar ist, nur daß dann die T-Funktion nicht $T = T(X)$, sondern $T = T(X_1, X_2 \ldots X_n)$ lautet. Die im Text gemachten Aussagen über Steuerbetrags-, Durchschnittssteuer- und Grenzsteuersatzfunktionen behalten auch für den Fall mehrerer Bemessungsgrundlagen ihre Gültigkeit, wenn man sie nur auf die partielle Beziehung zwischen Steuerbeträgen oder -sätzen und der jeweils als variabel angenommenen Bemessungsgrundlage bezieht, während die Größen der anderen Bemessungsgrundlagen konstant gehalten werden.

2) Da es sich im vorliegenden Falle um einen sog. Anstoßtarif oder eine Teilmengenstaffelung (vgl. 3 bγ) handelt, muß zur Ermittlung des Durchschnittssatzes zunächst der Steuerbetrag bei einer bestimmten Ausstoßmenge errechnet werden. Das ist aber bei allen derartigen Tarifen der Fall.

Als *Grenzsteuersatz* (Grenzbelastung, Steuerspitze) definieren wir die erste Ableitung der Steuerbetragsfunktion im Sinne der Differentialrechnung. Der Grenzsteuersatz ist somit ebenfalls eine Funktion der Steuerbemessungsgrundlage (Grenzsteuersatzfunktion), welche durch

(3) $\frac{dT}{dX} = \frac{dT(X)}{dX}$

gegeben ist. Anschaulich — aber weniger exakt — ist $\frac{dT}{dX}$ annähernd durch $\frac{\Delta T}{\Delta X}$ gegeben, wobei ΔX der Zuwachs der Bemessungsmenge von ihrer bisherigen Höhe um eine Einheit (Grenzbetrag der Bemessungsmenge) ist und ΔT den durch diese Erhöhung von ΔX ausgelösten *zusätzlichen* Steuerbetrag (Grenzsteuerbetrag) darstellt[1]).

Beispiel: Wieviel Pfennige oder v. H. von einer zusätzlich verdienten DM steuerbaren Einkommens sind an den Fiskus abzuführen, wenn das bisherige Einkommen soundsoviel DM betrug? Oder für den Fall einer spezifischen Steuer: Wieviel DM Biersteuer sind für einen zusätzlich produzierten hl Vollbier zu bezahlen, wenn der bisherige Ausstoß X hl betrug?

Die genannten Zusammenhänge können auch *graphisch* dargestellt werden, wobei im folgenden eine differenzierbare Steuerbetragskurve T (X) vorausgesetzt wird.

Im Koordinatenkreuz der Abb. 1 a wird die Steuerbemessungsgrundlage (X) in Richtung der Abszissenachse, der Steuerbetrag (T) in Richtung der Ordinatenachse gemessen. Die *Steuerbetragsfunktion* T (X) zeigt an, wie

---

[1]) Die vorliegende Definition des Grenzsteuersatzes setzt eine stetige und differenzierbare Steuerbetragsfunktion voraus. Insbesondere an den Unstetigkeitsstellen (Sprungstellen) bei Stufenbetrags- und Stufensatztarifen (s. u.) ist $\frac{dT}{dX}$ nicht definiert; allgemein ist eine sinnvolle Beschreibung dieser Stufenstellen durch Grenzsteuersätze ($\frac{dT}{dX}$ oder $\frac{\Delta T}{\Delta X}$) nicht möglich.

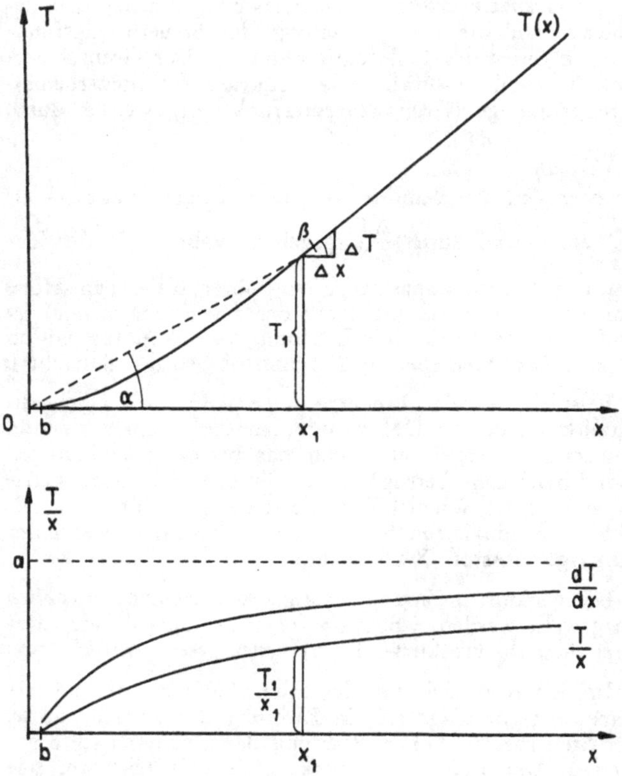

Abb. 1 (oben 1a — unten 1b)

hoch bei einer bestimmten Größe der Bemessungsgrundlage, z. B. X_1, der ihr entsprechende *Steuerbetrag* T_1 ist.

Die *Durchschnittssteuersatzfunktion* ergibt sich aus dieser Kurve, indem man für jede Größe der Bemessungsgrundlage X das Verhältnis T (X) zu X bildet — bei X_1

z. B. ergibt sich das Verhältnis der Strecke T_1 zu OX_1 als Durchschnittssteuersatz[1]) — und die so erhaltenen Werte des jeweiligen Durchschnittssteuersatzes als Funktion von X gesondert darstellt (vgl. Abb. 1 b).

Die *Grenzsteuersatzfunktion* erhält man, indem man den für jeden Wert von X ermittelten Anstieg[2]) der Kurve T (X) als jeweiligen Grenzsteuersatz ebenfalls gesondert (vgl. Abb. 1 b) als Funktion von X aufträgt.

Im vorliegenden Falle der Abbildungen 1 a und 1 b haben sowohl die Durchschnittssteuersätze $\frac{T}{X}$ als auch die Grenzsteuersätze $\frac{dT}{dX}$ eine mit wachsender Steuermenge X steigende Tendenz, dabei ist der Grenzsteuersatz allemal größer als der Durchschnittssteuersatz. Das liegt an der besonderen Form der hier gewählten Steuerbetragskurve, deren Neigung mit wachsender Steuermenge größer wird, so daß die Grenzsteuersatzkurve (erste Ableitung der Steuerbetragskurve, s. o.) damit wächst. Daß die Durchschnittssteuersatzkurve mit wachsender X-Größe steigt, liegt daran, daß das Verhältnis zwischen T und X ebenfalls wächst, was wiederum daran liegt, daß das Verhältnis $\frac{dT}{dX}$ in jedem Punkt der Kurve T (X) größer ist als das Verhältnis $\frac{T}{X}$. Verbal kann das auch derart ausgedrückt werden, daß eine Durchschnittsgröße dann wachsen muß, wenn das, was hinzukommt (die Grenzgröße), größer ist als die Durchschnittsgröße.

---

1) Zieht man vom Ursprung des Koordinatensystems O zum Kurvenpunkt, der dem Wertepaar X_1, T_1 entspricht, eine Hilfsgerade, so kann der Durchschnittssteuersatz auch durch den Anstieg dieser Hilfslinie, d. h. den Tangens des Winkels α (Gegenkathete T_1 : Ankathete O—X_1), gemessen werden (vgl. Abb. 1a).

2) Eine gute Annäherung für diesen Anstieg erhält man bei nicht zu großem ΔX durch das Verhältnis ΔT zu ΔX (an der Stelle X) oder den Tangens des Winkels β, entsprechend dem für die Stelle X_1 dargestellten Beispiel in Abb. 1a.

Wenn im vorliegenden Beispiel bereits ein bestimmter Tariftyp (Progression) darstellerisch vorweggenommen wurde, so sollen über die grundsätzlichen Bezüge der Verläufe der dargestellten Größen T (X), $\frac{T(X)}{X}$, $\frac{dT(X)}{dX}$ Aussagen erst im folgenden gemacht werden.

In bezug auf die Ausgestaltung von Steuertarifen ist zu unterscheiden zwischen Tariftypen, Tarifformen und Tariftechniken.

2. Tariftypen

a) Proportionalität

Ein proportionaler Steuertarif liegt vor, wenn für jede Höhe der Steuerbemessungsgrundlage X — bei einem stufenförmigen Tarif (vgl. 3 b α) für jede Stufenmitte — ein gleicher Durchschnittssteuersatz $\frac{T}{X}$ zu verzeichnen ist.

b) Progression

Ein progressiver Tarif ist dadurch gekennzeichnet, daß der Durchschnittssteuersatz $\frac{T}{X}$ mit steigender Bemessungsgrundlage stetig — bei stufenförmigen Tarifen (vgl. 3 b α, β) von Stufenmitte zu Stufenmitte — wächst. Je nachdem, ob der Durchschnittssteuersatz dabei weniger als linear, linear oder stärker als linear steigt, unterscheidet man zwischen verzögerter, linearer und beschleunigter Progression (vgl. Abb. 2 a).

c) Regression

Hier fällt — stetig oder von Stufenmitte zu Stufenmitte (vgl. 3 b α, β) — der Durchschnittssteuersatz mit steigender Bemessungsgrundlage. Dabei kann ebenfalls zwischen verzögerter, linearer und beschleunigter Regression unterschieden werden (vgl. Abb. 2 b).

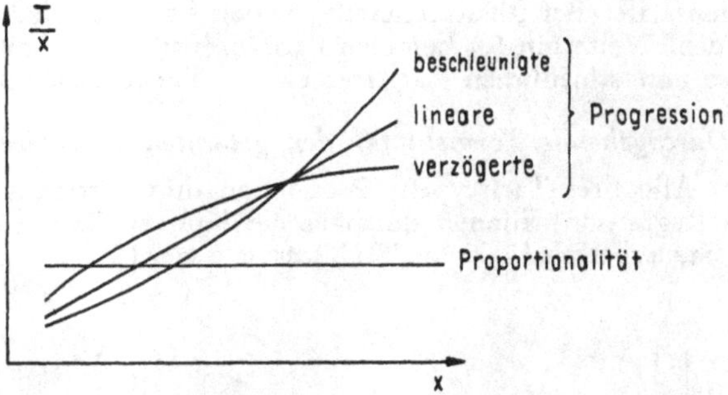

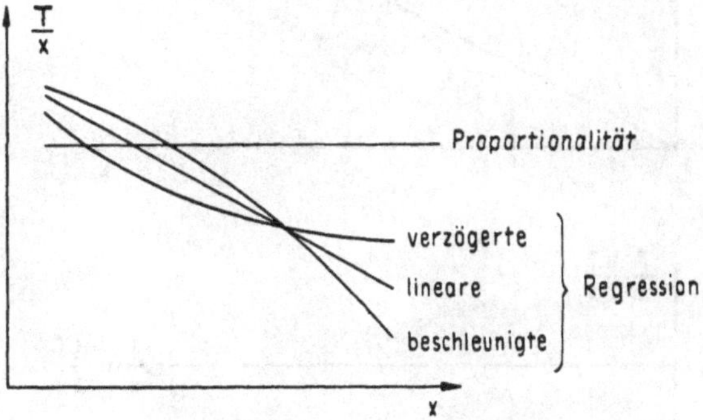

Abb. 2 (oben 2a — unten 2b)

d) Es sind *Kombinationen* der verschiedenen Tariftypen denkbar. Zur formalen Gestaltung solcher Kombinationen vgl. unten, 3 c.

3. Tarifformen

In *formaler* Hinsicht können die verschiedenen Tariftypen in unterschiedlicher Weise erreicht bzw. angenähert werden. Sie können (a) mit Hilfe einer durchgehenden Formel für den gesamten Tarifbereich oder (b) durch

Stufentarife (Bereichsstufentarife) erzielt bzw. angenähert werden. Weiterhin (c) kommen Tarifformen mit abschnittsweise unterschiedlichen Tarifformeln, ja Tariftypen, vor.

a) Durchgehende Formeln für den gesamten Tarifbereich

α) Alle drei Tariftypen (Proportionalität, Progression und Regression) können durchaus bei *linearer* Gestaltung der Steuerbetragsfunktion T (X) erzielt werden.

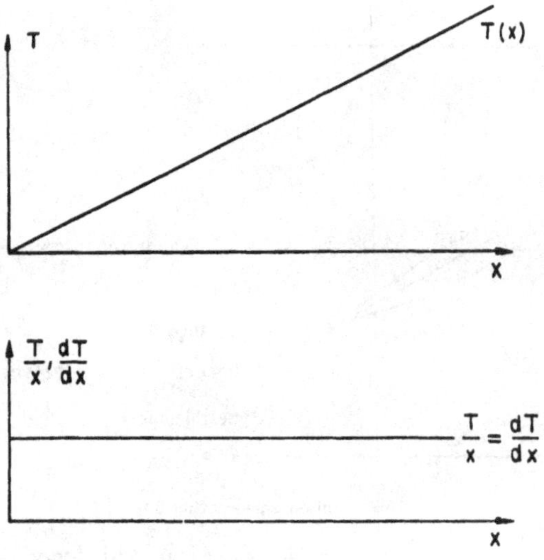

Abb. 3 (oben 3a — unten 3b)

α_1) Dabei bietet der *Proportionaltarif* keine besonderen Probleme. Die Steuerbetragsfunktion T (X) ist im Koordinatenkreuz durch eine Gerade darzustellen, die durch den Ursprung geht (vgl. Abb. 3 a). Der Grenzsteuersatz ist konstant und gleich dem Durchschnittssteuersatz (vgl. Abb. 3 b).

α_2) *Progression* kann bei linearer Steuerbetragsfunktion durch Gewährung eines Steuer*freibetrages*[1]) erreicht werden, nach dessen Überschreitung die Besteuerung erst einsetzt (vgl. Abb. 4 a).

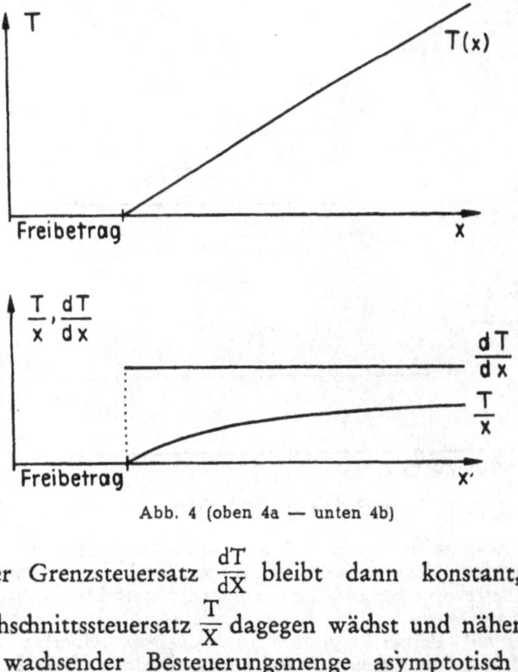

Abb. 4 (oben 4a — unten 4b)

Der Grenzsteuersatz $\frac{dT}{dX}$ bleibt dann konstant, der Durchschnittssteuersatz $\frac{T}{X}$ dagegen wächst und nähert sich mit wachsender Besteuerungsmenge asymptotisch dem Grenzsteuersatz (vgl. Abb. 4 b). Man spricht dabei auch

[1]) Liegt anders als im Falle eines Steuerfreibetrages eine Steuer*freigrenze* vor — hierbei wird ein Teil der Steuerbemessungsgrundlage für steuerfrei erklärt, nach dessen Überschreitung jedoch die gesamte Bemessungsgrundlage und nicht nur der den Freibetrag übersteigende Teil steuerpflichtig ist —, so springt der Durchschnittssatz nach Überschreiten der Grenze von 0 auf den dann geltenden Satz. Vgl. Abb. 5a und 5b. Der Einbau einer Freigrenze beeinflußt die Durchschnittssätze oberhalb der Grenze nicht, im Gegensatz zum Steuerfreibetrag.

von einer indirekten oder versteckten (im Gegensatz zur direkten oder offenen) Progression, die im übrigen verzögert ist.

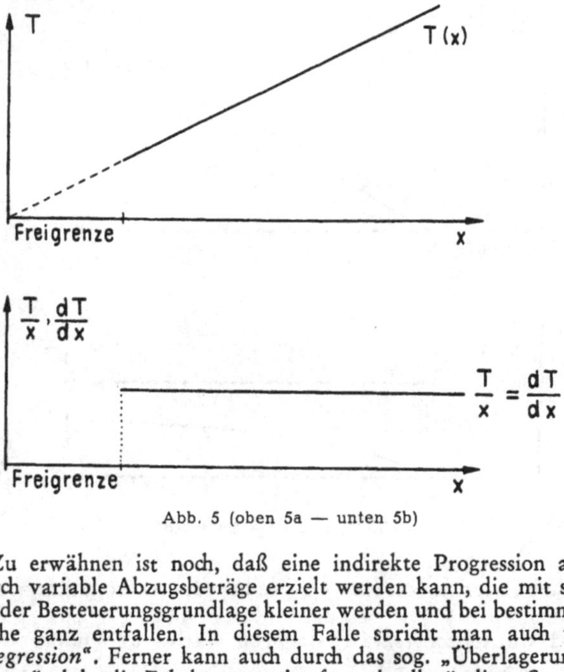

Abb. 5 (oben 5a — unten 5b)

Zu erwähnen ist noch, daß eine indirekte Progression auch durch variable Abzugsbeträge erzielt werden kann, die mit steigender Besteuerungsgrundlage kleiner werden und bei bestimmter Höhe ganz entfallen. In diesem Falle spricht man auch von *„Degression"*. Ferner kann auch durch das sog. „Überlagerungssystem", d. h. die Erhebung zweier formal selbständiger Steuern vom gleichen Steuerobjekt, wobei die eine dieser Steuern ein hohes Abzugsminimum (Freibetrag) aufweist, eine indirekte Progression erreicht werden.

a_3) *Regression* erhält man bei linearer Gestaltung der Funktion T (X) auf indirekte Weise (als verzögerte Regression) dadurch, daß unabhängig von der Höhe der Steuerbemessungsgrundlage, d. h. auch wenn sie 0 ist, ein bestimmter fester Mindeststeuerbetrag b erhoben wird, zu dem dann noch ein proportional zur Bemessungsgrundlage X erhobener Steuerbetrag aX hinzutritt (vgl. Abb. 6 a). (Es gibt allerdings sinnvoll erscheinende Beispiele von Grenzfällen der indirekten Regression, bei denen die Steuer nur aus dem festen Mindeststeuerbetrag besteht, wie etwa bei einer konstanten Kopfsteuer, wenn

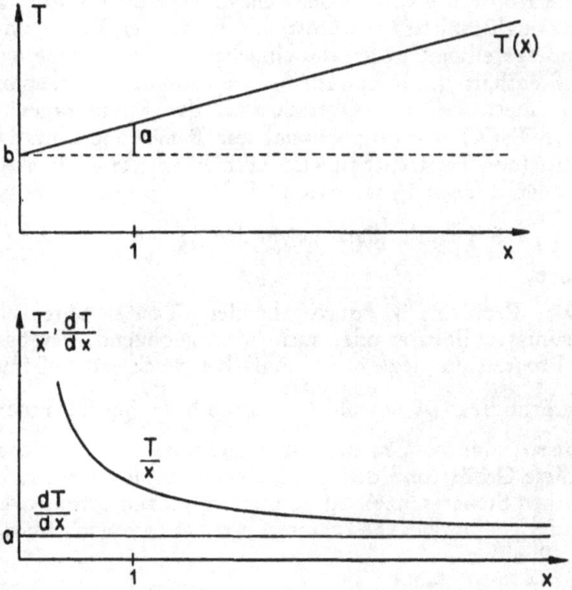

Abb. 6 (oben 6a — unten 6b)

man sie auf das Einkommen als Bemessungsgrundlage bezieht.) Der Grenzsteuersatz ist zwar, wie bei α_2, konstant, der Durchschnittssteuersatz aber fällt mit wachsender Bemessungsgrundlage und nähert sich dem Grenzsteuersatz (vgl. Abb. 6 b).

β) Dann können die nichtproportionalen Tariftypen vor allem durch *nichtlineare* („kurvenförmige") Verläufe der Steuerbetragsfunktion T (X) dargestellt werden:

β_1) Für die *Progression* vgl. den in den Abbildungen 1 a und 1 b dargestellten Tarif. Seine Formel lautet $T = a \frac{x(x-b)}{x+c}$, wobei b einen Freibetrag darstellt und c eine Konstante ist, die den Kurvenverlauf mitbestimmt. Der Durchschnittssatz wächst mit steigender Bemessungsgrundlage einmal wegen des eingebauten Freibetrages (der Tarif enthält somit ein Element indirekter Progression), dann aber, weil mit Überschreiten des Freibetrages die Kurve T (X) überproportional zur Bemessungsgrundlage wächst (der Tarif enthält also auch Elemente einer *direkten* oder *offenen* Progression). Die Progression ist verzögert, $a \leqq 1$ ist der Satz, gegen den $\frac{dT}{dX}$ und $\frac{T}{X}$ für $X \to \infty$ streben.

Die Problematik durchgehender Tarife unter beschleunigter, linearer oder auch (nicht genügend) verzögerter Progression liegt darin, daß bei wachsender Bemessungsgrundlage X sowohl $\frac{dT}{dX}$ als auch $\frac{T}{X}$ über 1 hinauswachsen können. Um das, oder zumindest ein Annähern an diese Größe (und damit die Überschreitung der psychologischen Steuergrenze), zu vermeiden, mögen bereichsweise geänderte Formeln bestimmter Art vorgezogen werden. Vgl. Punkt c.

β_2) Für die *Regression* (bei direkter Regression fallen $\frac{T}{X}$ und $\frac{dT}{dX}$ mit wachsender Bemessungsgrundlage, wobei $\frac{dT}{dX}$ kleiner als $\frac{T}{X}$ ist) lassen sich entsprechende kurvenförmige Formeln T (X) darstellen, wie z. B. der einfache Fall der linearen Regression in Abb. 7 a und 7 b.

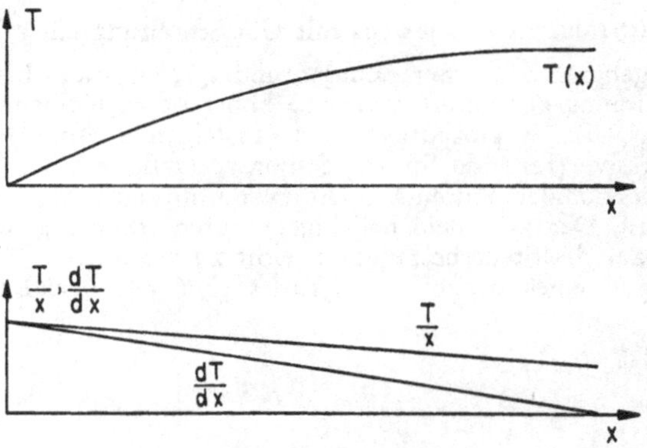

Abb. 7 (oben 7a — unten 7b)

b) *Bereichsstufentarife*

Die oben genannten Tariftypen können auch angenähert werden, indem folgende Tarifformen angewandt werden, bei denen die Steuerbemessungsgrundlage in bestimmte Teilmengen unterteilt wird:

α) *Stufenbetragstarif*. Hier ändert sich der Steuer*betrag* T stufenförmig jeweils mit Überschreitung einer Teilmengengrenze der Bemessungsgrundlage und bleibt dann bis zur Erreichung der nächsten Grenze konstant (vgl. Abb. 8 a). Ein Stufenbetragstarif gehört dem proportionalen, progressiven oder regressiven Tariftyp an, je nachdem, ob die Durchschnittssteuersätze von Stufenmitte zu Stufenmitte gleich bleiben, wachsen oder fallen. Bei allen drei Typen — selbst beim progressiven Stufenbetragstarif (vgl. dazu Abb. 8 a und 8 b) — zeigt sich *innerhalb* der Stufen die sog. innere Regression, d. h. der Durchschnittssatz fällt innerhalb des Stufenbereiches mit wachsender Bemessungsgrundlage.

β) Bei einem *Stufendurchschnittssatztarif*, auch als Stufensatztarif bezeichnet, ändert sich dagegen der *Durch-*

schnittssteuersatz $\frac{T}{X}$ jeweils mit Überschreitung einer Teilmengengrenze der Bemessungsgrundlage, um dann bis zur Erreichung der nächsten Grenze konstant zu bleiben (vgl. Abb. 9 b). Es gibt progressive (ansteigende Stufen) und regressive (fallende Stufen) Stufensatztarife, während ein proportionaler Stufensatztarif ex definitione ausgeschlossen ist. Der zu einem beliebigen Stufensatztarif gehörige Verlauf des Steuerbetrages ist leicht zu errechnen; für das Beispiel eines progressiven Tarifs sind aus den Durch-

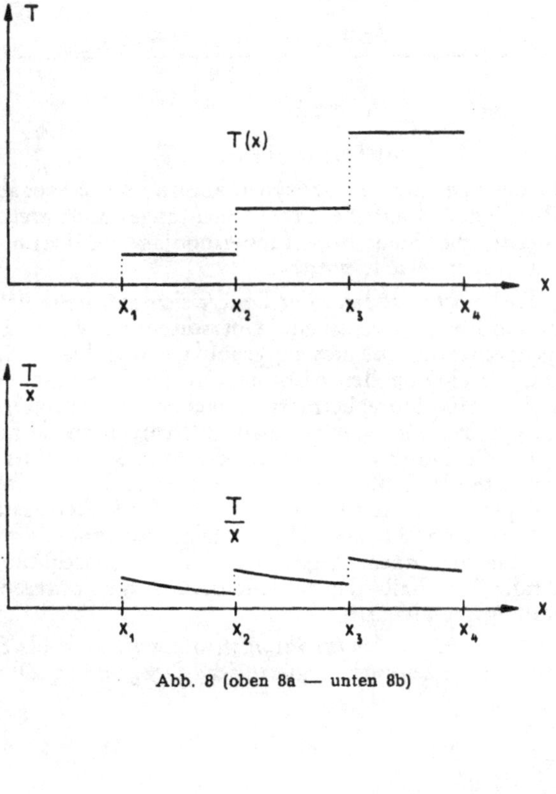

Abb. 8 (oben 8a — unten 8b)

schnittssätzen (Abb. 9 b) die Steuerbeträge (Abb. 9 a) entwickelt worden. Bei den Stufendurchschnittssatztarifen fehlt zwar die innere Regression, jedoch bleibt beim progressiven Stufensatztarif — wie auch bei allen Stufen-

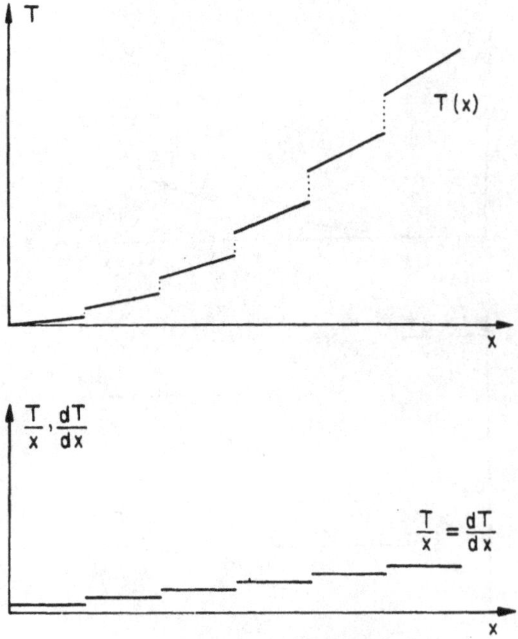

Abb. 9 (oben 9a — unten 9b)

betragstarifen — das für den Steuerzahler peinliche Ansteigen der Steuerbeträge beim Überschreiten der Grenze erhalten, so daß u. U. bei einem Ansteigen, sagen wir des Einkommens, um eine Einheit, dem Zensiten ein Mehrfaches des Zusatzeinkommens an Steuern abgezogen wird. Um diese Wirkungen zu vermeiden, werden bei diesen

Stufentarifen zuweilen „Grenzberichtigungen" vorgenommen, d. h. es wird z. B. vorgeschrieben, daß von einem größeren Einkommen nach der Besteuerung ein mindestens ebenso großer Restbetrag übrigbleiben muß wie bei einem kleineren Einkommen.

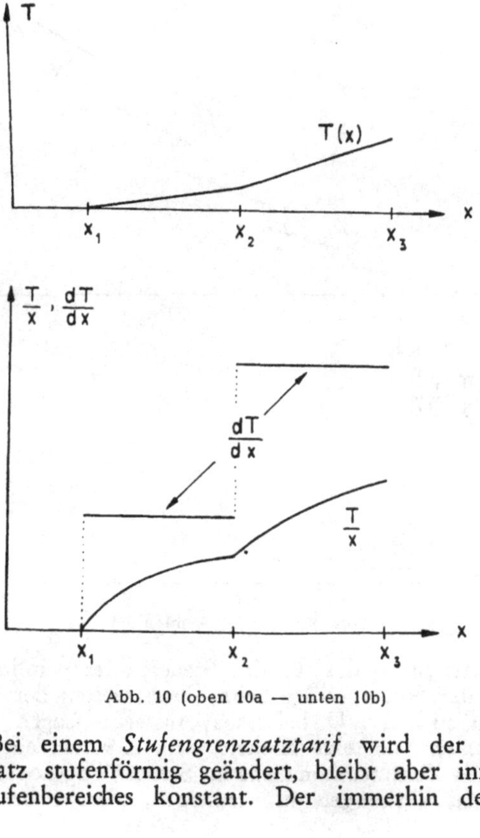

Abb. 10 (oben 10a — unten 10b)

γ) Bei einem *Stufengrenzsatztarif* wird der Grenzsteuersatz stufenförmig geändert, bleibt aber innerhalb des Stufenbereiches konstant. Der immerhin denkbare

Fall, daß die Steuerbetragsfunktion dabei ebenfalls springt, soll wegen seiner Bedeutungslosigkeit nicht dargestellt werden; es sei hier nur der Fall des „stetigen" Stufengrenzsatztarifs (auch Teilmengenstaffelung oder Anstoßtarif genannt) behandelt, bei welchem die (zu errechnende) Steuerbetrags„kurve" mit Überschreiten einer

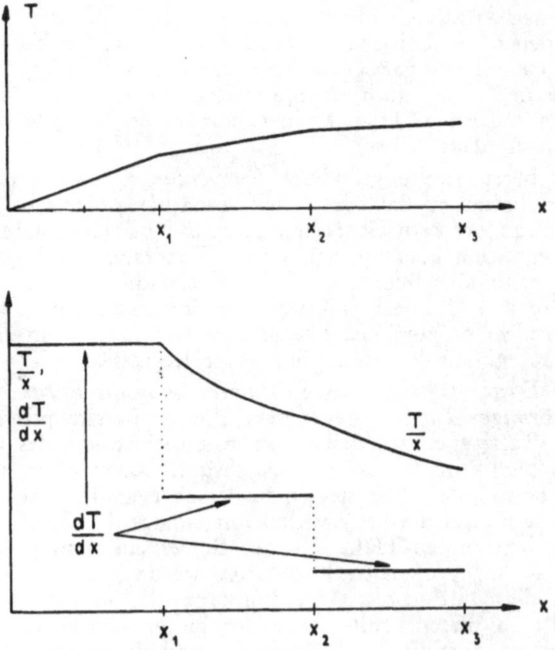

Abb. 11 (oben 11a — unten 11b)

Bereichsgrenze nur ihre Richtung ändert, wie in Abb. 10 a für die Progression und Abb. 11 a für die Regression dargestellt. Die Abbildungen 10 b und 11 b zeigen die entsprechenden Verläufe der Durchschnitts- und Grenzsteuersätze[1]).

c) Tarife mit abschnittsweise veränderten Tarifformeln bzw. Tariftypen

Während bei den unter 3 b gezeigten Tarifformen die abschnittsweise geltenden „Formeln" für T (X) durch Geraden darzustellen sind, kommen auch Tarifformen vor, bei denen abschnittsweise verschieden gestaltete kurvenförmige oder sogar gemischt linear-kurvenförmige Verläufe und dabei auch abschnittsweise verschiedene Tariftypen auftreten. Hier können nur einige Beispiele genannt werden:

α) Bereichsweise geänderte *Kurventarife* können z. B. darin bestehen, daß ein Tarif zunächst progressiv gestaltet ist, um nach Überschreiten einer bestimmten Grenze in Regression überzugehen. Dieser Übergang zur Regression kann allerdings auch dadurch erreicht werden, daß der Tarif T (X) nach Überschreiten der genannten Grenze einen nicht proportional linearen, im Grenzfall konstanten Verlauf nimmt (Einsetzen indirekter Regression).

β) Damit wäre bereits eine Form *gemischt linear-kurvenförmiger Tarife* aufgewiesen. Um im Bereich progressiver Tariftypen zu bleiben: es mag die Absicht des Gesetzgebers sein, hierbei die Durchschnittssätze nicht über eine bestimmte Höhe steigen zu lassen (vgl. Problematik ad 3 a *β*). Zu diesem Zweck kann einmal der Tarif von einer bestimmten Höhe X_1 der Steuerbemessungsgrundlage X an proportional gestaltet werden, so daß danach die Durchschnittssätze konstant bleiben (sog. Plafond). In diesem Falle sinkt der bisher höhere Grenzsteuersatz auf die Höhe des Durchschnittssatzes herab (vgl. Abb. 12 a und 12 b). Zum anderen kann aber auch der Grenzsteuersatz nach Überschreiten einer bestimmten

[1]) Aus Gründen einer deutlichen Darstellung der Verläufe von Durchschnitts- und Grenzsteuersätzen sind hier — wie in den Abb. 12b und 13b — besonders große Ordinatenmaßstäbe gewählt worden.

Grenze X_1 konstant gehalten werden. Dann nähert sich bei weiterem Wachsen der Steuerbemessungsgrundlage X der Durchschnittssatz dem Grenzsatz wie bei der indirekten Progression (im Falle des Einbaus eines Steuerfreibe-

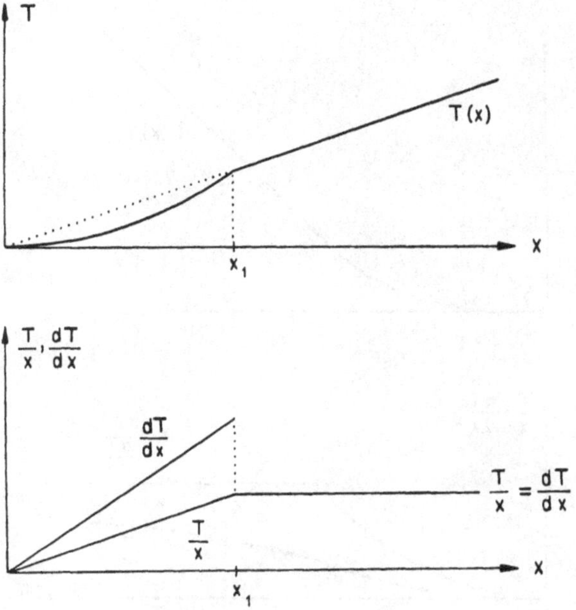

Abb. 12 (oben 12a — unten 12b)

trages) asymptotisch an (vgl. Abb. 13 a und 13 b). Ist der Progressionsverlauf der Durchschnittskurve bis zum Einsetzen der konstanten Grenzsätze beschleunigt (wie in Abb. 13 b), so wird grundsätzlich eine logistische Form der Durchschnittssatzkurve angenähert.

Im übrigen sind aber auch noch kompliziertere Kombinationen denkbar, vgl. z. B. den deutschen Einkommensteuertarif von 1958, der nach Überschreiten eines steuerfreien Bereichs (Steuerfreibeträge) mit wachsender Bemessungsgrundlage eine lineare (d. h. indirekte Progression), dann zwei kurvenförmige Stufen (d. h. direkte Progres-

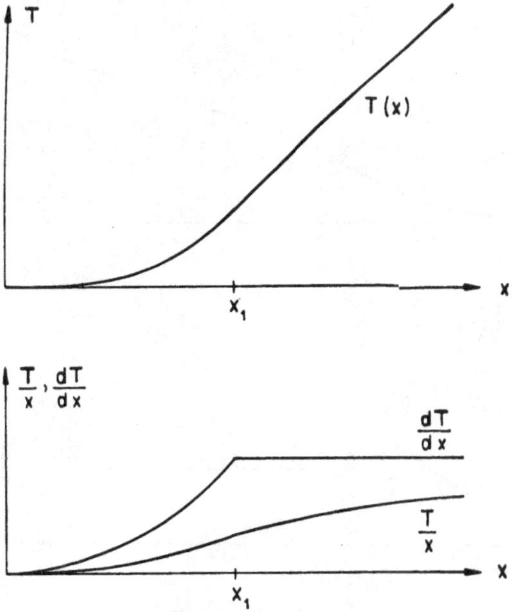

Abb. 13 (oben 13a — unten 13b)

sion) beinhaltet, um dann wiederum in eine lineare (nicht, wie gelegentlich behauptet proportionale, vielmehr: indirekt progressive) Stufe auszumünden, bei der der Grenzsteuersatz konstant ist und der Durchschnittssatz sich diesem bei $X \rightarrow \infty$ annähert.

4. Tariftechnik

Von all dem zu unterscheiden ist die Tariftechnik, mit dem Ziele, die Ermittlung der Steuerbeträge im *praktischen* Fall schnell und leicht zu ermöglichen. Zu diesem Zweck werden *Steuertabellen* angefertigt, die mit geringen Ausnahmen einen Stufenbetragscharakter haben. Ein sol-

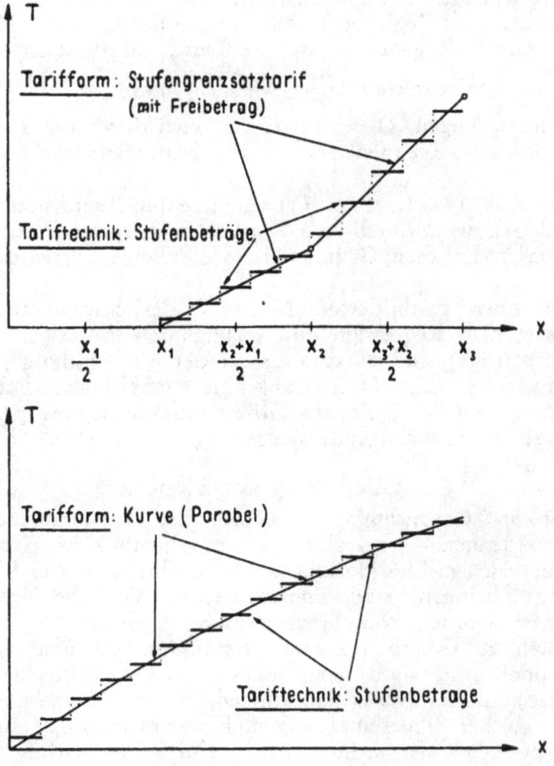

Abb. 14 (oben 14a — unten 14b)

cher Stufenbetragstarif als *Tariftechnik* ist jedoch — im Gegensatz zum Stufenbetragstarif als *Tarifform* — mit einer sehr großen Anzahl sehr kleiner Stufen ausgestaltet, die sich an die — vom Gesetzgeber wie auch immer gewählte — Tarifform anschmiegen. Man vgl. dazu Abb. 14 a und 14 b. In Abb. 14 a liegt als *Tariftyp* die beschleunigte Progression zugrunde. Dieser Tariftyp wird im vorliegenden Beispiel durch die *Tarifform* des Stufengrenzsatztarifs (vgl. oben die entsprechende Abb. 10 a) zum Ausdruck gebracht, da die Durchschnittssteuersätze bei den Stufenmitten $\frac{X_1}{2}$, $\frac{X_2 + X_1}{2}$ und $\frac{X_3 + X_2}{2}$ beschleunigt steigen. Diese Tarifform wird durch die *Tariftechnik* als Treppenkurve von Stufenbeträgen verwirklicht.

Der Abb. 14 b liegt der Typ der linearen Regression zugrunde. Er wird durch eine Parabelkurve ausgeformt, die aus tariftechnischen Gründen in Stufenbeträgen realisiert wird.

Die oben geschilderten Nachteile des Stufenbetragstarifs (innere Regression und sprunghaftes Ansteigen der Steuerbeträge) sind zwar auch bei der Verwendung von Betragsstufen als Tariftechnik zu verzeichnen, haben jedoch wegen der kleineren Größenordnungen eine praktisch zu vernachlässigende Bedeutung.

§ 5. Gliederung der Steuern

Die in Geschichte und Gegenwart vorkommenden Steuern tragen — bei allem gemeinsamen — im einzelnen unterschiedliche Merkmale. Um Ordnung in die Vielfalt zu bringen, sind immer wieder Versuche unternommen worden, die Steuern nach gewissen Gesichtspunkten zu Gruppen zusammenzufassen. Da diese Gesichtspunkte, je nach dem besonderen Erkenntniszweck, unterschiedlicher Natur sein können, findet sich eine ganze Reihe solcher Steuereinteilungen. Eine vollständige Übersicht zu geben ist nicht möglich; einige der wichtigeren Gliederungen sollen aber erwähnt werden.

1. Nach dem Abgabemittel

Die Einteilung der Steuern nach dem Abgabemittel in *Natural-* und *Geldsteuern* hat vorzüglich historische Bedeutung. Anders als in Zeiten vorherrschender Naturalwirtschaft sind heute (vgl. die in § 1 angeführte deutsche Legaldefinition) die Steuern Geldleistungen. Naturale Leistungen sind nur noch in Resten alter oder bei neu auftretenden Formen leiturgischer Bedarfsdeckung zu finden (vgl. dazu den ersten Band Kapitel I, § 2, 1, § 3, 4).

2. Nach der Erhebungstechnik

Heute ebenfalls weniger bedeutsam ist die Unterscheidung in *Kataster-* und *Tarifsteuern.* Bei ersteren erfolgt die Erhebung auf Grund von Verzeichnissen (Steuerkatastern), in denen der der Steuerbemessung zugrundeliegende Tatbestand (z. B. bei der preußischen Grundsteuer von 1861 der Katastralreinertrag) festgelegt ist. Bei der zweiten Gruppe erfolgt die Besteuerung auf Grund von Tarifen, in die der jeweilige steuerrechtliche — in seiner Höhe nicht von vornherein bekannte — Tatbestand eingeordnet ist, z. B. bei Verbrauchsteuern, Zöllen, Einkommensteuern. Verbrauchsteuern können vom *Anbieter,* aber auch vom *Verbraucher* selbst erhoben werden. Bei der Einkommensteuer kann das *Empfängerprinzip* oder das *Quellenabzugsprinzip* bestehen. Ersteres wird z. B. bei der „veranlagten" Einkommensteuer (Entwicklungsstufen: summarische Einschätzung ohne wirksame Nachprüfung; sorgfältige Selbsteinschätzung mit teilweiser behördlicher Nachprüfung durch Stichproben; eingehende und genaue Steuererklärung mit strenger behördlicher Kontrolle), letzteres z. B. bei der Lohnsteuer angewandt. Hier führt der Arbeitgeber die Steuern unter Abzug vom auszuzahlenden Arbeitsentgelt ab. Weil das Quellenabzugsverfahren der Lohnsteuer jedoch die innerhalb eines Jahres sich etwa, z. B. durch zeitweilige Arbeitslosigkeit, ergebenden Änderungen in den persönlichen Verhältnissen nicht berücksichtigen kann, ist es möglich, durch den Lohnsteuerjahresausgleich nachträglich Korrekturen anzubringen. In diesem Fall erweist sich der Quellenabzug als eine vorläufige Erhebungsmethode.

Wiederum mehr historisches Interesse hat eine weitere Gliederungsmöglichkeit. Bei den *Repartitionssteuern*, die das Kennzeichen der außerordentlichen Steuern in der beginnenden Entwicklung des Steuerwesens waren (Jessen), aber auch durchaus noch später vorkommen, wurde das gesamte Steueraufkommen durch das Gesetz von vornherein festgelegt. Dieser Betrag wurde dann (vgl. preußisches Grundsteuergesetz vom 21. 5. 1861) auf die einzelnen Provinzen oder ständischen Verbände verteilt (kontingentiert) und von diesen auf die Steuerpflichtigen umgelegt (Repartition). Heute spielen die *Quotitätssteuern*, d. h. Steuern, bei denen die Steuersätze gesetzlich festgesetzt sind, während das Aufkommen gemäß den Veränderungen der Steuerbemessungsgrundlage schwankt, eine fast ausschließliche Rolle. Immerhin ist darauf hinzuweisen, daß noch in jüngster Vergangenheit, bei der deutschen Judenabgabe von 1938 unseligen Angedenkens, lediglich das Steueraufkommen (einmalig eine Milliarde RM) von vornherein durch Verordnung festgelegt und der zunächst probeweise bestimmte Steuersatz (20 % vom Vermögen der Juden) zur Erreichung des Aufkommens nachträglich erhöht wurde.

3. Nach der zeitlichen Geltung

Steuern können *einmalig* oder *fortlaufend* erhoben werden. Erstere werden auch als *außerordentliche*, letztere als *ordentliche* Steuern bezeichnet. Während die fortlaufend erhobenen heute die wichtigste Steuerart darstellen, haben die einmalig erhobenen Steuern in der Frühzeit des Steuerwesens eine hervorragende, den Einfluß der steuerbewilligenden Stände vorzüglich in den Vordergrund rückende Rolle gespielt. Darüber hinaus haben die außerordentlichen Steuern, vor allem in Kriegs- und Nachkriegszeiten, auch später noch eine immer wiederkehrende Bedeutung gehabt, z. T. sind auch als einmalig oder für begrenzte Zeit gedachte Steuern zu laufenden geworden, so z. B. die zur Zeit der napoleonischen Kriege eingeführte und von Peel 1842 erneuerte Einkommensteuer in England. Für Deutschland ist auf den „Wehrbeitrag" von 1913 sowie auf die Erzbergerschen „einmaligen" Steuern nach dem Ersten Weltkriege zu verweisen, ferner auf die Lastenausgleichsgesetzgebung nach dem Zweiten Weltkriege. Zu erwähnen ist, daß einmalige „Erhebung" nicht „Zahlung" auf einmal bedeuten muß; vielmehr konnten sowohl der Wehrbeitrag als auch die Erzbergerschen „einmaligen" Steuern in Raten abgetragen werden. Für den Lastenausgleich nach dem letzten Kriege sind 30 Jahre vorgesehen.

4. Nach dem Steuerobjekt

Viele Autoren stellen bei ihren Gliederungsvorschlägen die Eigenart des gewählten Steuerobjektes (Steuergegenstandes), das ja übrigens vielfach der namentlichen Bezeichnung der Einzelsteuern dient, in den Vordergrund, wobei die Vielfalt möglicher Ansatzpunkte eine gruppenmäßige Zusammenfassung erforderlich macht. So hat, um nur ein Beispiel zu geben, von Eheberg die Steuern nach „ihrer inneren Zusammengehörigkeit" (vielleicht besser: nach ihrer Stellung im Wirtschaftsprozeß) gegliedert in:

1. Einkommen- und Vermögensteuern,
2. Verkehrsteuern (Steuern vom Vermögensverkehr),
3. Verbrauch- und Aufwandsteuern.

Vgl. dazu die im großen und ganzen solcher Gliederung folgende Behandlung der Einzelsteuern in Bd. III dieser Finanzwissenschaft. Von vornherein ist aber zu bemerken, daß eine solche Gliederung eine ergänzende Beachtung weiterer Merkmale erfordert, die bei der Festlegung des Steuerobjektes eine Rolle spielen, je nach dem Erkenntniszweck, dem die Gliederung dienen soll:

a) Die Dimension des Steuerobjektes

Das Steuerobjekt kann eine *Bestandsgröße* sein (z. B. Vermögensteuer, Dimension: DM zu einem bestimmten Zeitpunkt) oder die *Veränderung einer Bestandsgröße* zwischen zwei Zeitpunkten (z. B. Vermögenszuwachssteuer, Dimension: Differenz DM zwischen zwei Zeitpunkten). Weiterhin kann das Steuerobjekt explicite als *Stromgröße* definiert sein wie z. B. bei der Einkommensteuer nach der Quellentheorie, der Umsatzsteuer oder den Verbrauchsteuern (Dimension: DM oder Mengeneinheit pro Periode) oder als *Veränderung einer Stromgröße* (z. B. Mehrgewinnsteuer, Dimension: Differenz DM je Periode zwischen zwei Zeitperioden). Diese Gliederung mag wichtig erscheinen im Hinblick auf gewisse ökonomische Modelle oder Berechnungen, in denen die Steuererträge im Hinblick auf Schwankungen des Volkseinkommens (Sozialprodukts) errechnet werden sollen. Auf Bestandsgrößen als Besteuerungsgegenstand basierende Steuern schwanken in ihren Erträgen im Konjunkturablauf weniger schnell als auf Stromgrößen basierende, besonders bei denen, die eng mit dem Volkseinkommen korreliert sind (Einkommen-, Umsatzsteuern, weniger stark spezielle Verbrauchsteuern auf unelastischen Bedarf). Dazu kommt natürlich die Gestaltung des Tarifs als wichtiges, aber nicht alleiniges Kriterium. Zuwachssteuern verstärken die Schwankungswirkung.

b) Bemessungsmaßstab des Steuerobjektes

In diesem Zusammenhang hat auch die Unterscheidung zwischen spezifischen und Wertsteuern Bedeutung, wie sich z. B. deutlich in der Zeit der großen Inflation nach dem Ersten Weltkrieg zeigte. Die Erträge der spezifischen Steuern blieben weit hinter denen der Wertsteuern zurück, wegen der Geldwertminderung darüber hinaus auch ihr Realwert. Bei ersteren werden als Besteuerungseinheit Stück- oder andere Mengeneinheiten definiert (vgl. heute z. B. Kaffee- und Teesteuer, Alkoholmonopol, bis 1951 die Mehrzahl der deutschen Zölle), im zweiten Falle dagegen Wertgrößen (z. B. Umsatzsteuer, seit 1951 die Mehrzahl der Zölle, Vermögensteuer, vor allem aber die Einkommensteuer im Gegensatz zur Kopfsteuer, die man dann durchaus als spezifische Steuer bezeichnen muß, wenn die Höhe des Geldeinkommens oder des Vermögens nicht berücksichtigt wird).

c) Iststeuern — Sollsteuern

In die Veranlagungstechnik zwar hinüberspielend, dennoch aber bezüglich der Quantifizierung des Steuergegenstandes an dieser Stelle wesentlich ist die Gliederung in Ist- und Sollsteuern, die in der Diskussion um die Anreizproblematik, d. h. insbesondere bei den Steuern vom Einkommen und Ertrag, eine gewisse Rolle gespielt hat. Bei den *Ist*-Steuern erfolgt die Festlegung der Bemessungsgrundlage ex post, d. h. entsprechend den nach Ablauf einer bestimmten Periode im Wirtschaftsprozeß erzielten Ergebnissen, bei den *Soll*-Steuern dagegen ex ante, d. h. ohne Rücksicht auf die tatsächlich erzielten Ergebnisse. Die Erträge von Iststeuern schwanken daher stärker mit wechselnder Wirtschaftslage als die von Sollsteuern. Zwar ist die moderne Einkommensteuer in ihrem Wesen eine Iststeuer, doch sind auch hier historisch durchaus Sollsteuerelemente zu finden, so z. B. bei den nach der Stabilisierung 1923 erhobenen Einkommensteuern wegen des Fehlens exakter Berechnungsunterlagen. Sollsteuercharakter trägt die Einkommensteuer auch heute noch dort, wo — wie nach deutschem Einkommensteuerrecht in der Landwirtschaft möglich — die Ermittlung des Einkommens nach Durchschnittssätzen erfolgt oder wo Schätzungen nach Richtsätzen vorgenommen werden.

Bei Sollsteuern tritt das subjektive Element bei der Festlegung der Besteuerungsmenge in der Regel stärker in den Hintergrund als bei direkten Iststeuern.

d) Subjektive — objektive Steuern

Damit ist eine auch in anderen (z. B. sozialpolitischen) Zusammenhängen wichtige Unterscheidung bei den sog.

direkten Steuern angedeutet: Der *Steuergegenstand* kann *subjektiv* (Personalsteuern) oder *objektiv* (Realsteuern) *qualifiziert* sein. Im ersten Falle werden die persönlichen Umstände des Steuerschuldners berücksichtigt, im zweiten dagegen nicht, vielmehr werden unabhängig von der Person gegebene objektive Tatbestände als Bemessungsgrundlage gewählt. Vgl. einerseits die moderne Einkommensteuer mit ihrer Ergänzung durch Vermögen- und Erbschaftsteuer, zum anderen gewisse Ertragsteuern, wie sie im 19. Jh. insbesondere — nach französischem Vorbild — in Süddeutschland vorherrschten. Ein instruktives Beispiel für den Übergang von subjektivierender zu einer mehr objektivierenden Berechnung der Steuerbemessungsgrundlage bietet das gegenwärtige deutsche Steuerrecht bei der Gewerbesteuer. Die Errechnung des Gewerbeertrages geht vom Gewinn aus, der dann durch Hinzurechnungen (z. B. der bei der Ermittlung des Gewinns abgerechneten Beträge für Dauerschuldzinsen) und gewisse Abzüge in Richtung auf eine Objektivierung umgestaltet wird. Ähnlich bei der Errechnung des Gewerbekapitals als der zweiten bei der Gewerbesteuer gegebenen Steuerbemessungsgrundlage.

Nach welchen *Grundsätzen* eine subjektivierende Qualifizierung des Steuergegenstandes erfolgt, mag unterschiedlich sein: Zunächst ist daran zu denken, daß es früher eine *privilegierende* Heraushebung bestimmter Gesellschaftskreise gab: vgl. die Steuerfreiheit des Adels und der Geistlichkeit im Ancien Régime. Andererseits ist eine negative Privilegierung möglich, z. B. in der Judenabgabe von 1938. Dann gibt es positive oder negative Privilegien ohne Rücksicht auf sozialständische Bezüge in Steuererleichterungen, die *individuell* begründet sind: Minderbelastung von Verheirateten und Kinderreichen oder solchen, die Familienmitglieder unterstützen, gegenüber einer Mehrbelastung von Junggesellen, Kinderlosen usw. Weiterhin mag eine positive Privilegierung der Minderbemittelten oder auch — zumindest vom altliberalen Standpunkt aus — negative Privilegierung der Bessergestellten, in der direkten oder indirekten Progression der vom persönlichen Einkommen und Vermögen abhängigen Steuern gesehen werden. Im Lichte der sog. Kompensationstheorie der Steuerprogression, d. h. der Lehre, welche die Steuerprogression bei den direkten persönlichen

Steuern als Ausgleich für die bei den Verbrauchsteuern auftretenden Regressionswirkungen betrachtet, erscheint solche Bezeichnung allerdings prinzipiell fragwürdig. Von hier aus würde auch die bevorzugende Behandlung der einkommensmäßig schlechter gestellten Verbraucherschichten durch die Erhebung niedrigerer Umsatzsteuersätze bei den sog. sozial kalkulierten Lebensmitteln weniger als ein das Gleichheitspostulat verletzendes Privileg, eher dagegen als eine Ungleichheiten vermindernde Steuerpolitik erscheinen. Steuerbegünstigungen hingegen, die gewährt werden, um z. B. einen Anreiz zu risikovollen Unternehmungen zu geben oder auch andere wirtschaftspolitische (produktions-, investitions- oder sparpolitische) Ziele zu fördern, im Enderfolg aber den Einkommensstärkeren vor allem zugute kommen, mögen von dieser Sicht aus auch als Abgang vom Allgemeinheitsprinzip erscheinen, während sie in altliberaler Sicht eher als neutralitätsfördernde Erleichterungen gegenüber einer die Wirtschaftsabläufe „störenden" Steuerüberlastung gedeutet werden mögen.

5. *Nach dem Ertragsberechtigten*

Die Verteilung der gegebenen oder neu zu erschließenden Steuerquellen auf die Gebietskörperschaften in einem Bundesstaat (Bund, Länder, Gemeinden und Gemeindeverbände) ist Teil der Finanzausgleichsproblematik (vgl. Bd. IV) und vielfach Streitgegenstand in verfassungspolitischen Kämpfen. In der Bundesrepublik Deutschland gilt nach dem Grundgesetz, Artikel 106:

(1) Der Ertrag der Finanzmonopole und das Aufkommen der folgenden Steuern stehen dem Bund zu:

1. die Zölle,
2. die Verbrauchsteuern, soweit sie nicht nach Absatz 2 den Ländern zustehen,
3. die Umsatzsteuer,
4. die Beförderungsteuer,
5. die einmaligen Vermögensabgaben und die zur Durchführung des Lastenausgleichs erhobenen Ausgleichsabgaben,
6. die Abgabe „Notopfer Berlin" (inzwischen aufgehoben),
7. die Ergänzungsabgaben zur Einkommensteuer und zur Körperschaftsteuer.

(2) Das Aufkommen der folgenden Steuern steht den Ländern zu:

1. die Vermögensteuer,
2. die Erbschaftsteuer,
3. die Kraftfahrzeugsteuer,
4. die Verkehrsteuern, soweit sie nicht nach Absatz 1 dem Bund zustehen,
5. die Biersteuer,
6. die Abgaben von Spielbanken,
7. die Realsteuern,
8. die Steuern mit örtlich bedingtem Wirkungskreis.

(3) Vom Aufkommen der Einkommensteuer und der Körperschaftsteuer stehen . . . ab 1. April 1958 35 vom Hundert dem Bund und 65 vom Hundert den Ländern zu.

(Absätze 4 und 5 regeln Möglichkeiten und Voraussetzungen für etwaige Änderungen des Beteiligungsverhältnisses bei der Einkommen- und der Körperschaftsteuer.)

(6) Als Einnahmen und Ausgaben der Länder im Sinne dieses Artikels gelten auch die Einnahmen und Ausgaben der Gemeinden (Gemeindeverbände). Die Landesgesetzgebung bestimmt, ob und inwieweit das Aufkommen der Landessteuern den Gemeinden (Gemeindeverbänden) zufließt.

Von der Verteilung der Erträge zu unterscheiden ist die *Steuergesetzgebungsbefugnis.* Sie ist in der Bundesrepublik Deutschland geregelt durch Art. 105 des Grundgesetzes: Der Bund hat die *ausschließliche* Gesetzgebung über die Zölle und Finanzmonopole, die *konkurrierende* Gesetzgebung (d. h. die Länder haben nach Art. 72 das Gesetzgebungsrecht, solange der Bund von seinem Recht nach Art. 72,2 keinen Gebrauch macht) über Verbrauch- und Verkehrsteuern, mit Ausnahme der Steuern mit örtlich bedingtem Wirkungsbereich, insbesondere der Grunderwerbsteuer, der Wertzuwachssteuer und der Feuerschutzsteuer, die Steuern vom Einkommen, Vermögen, von Erbschaften und Schenkungen, die Realsteuern mit Ausnahme der Festsetzung der Hebesätze. Bundesgesetze und Steuern, deren Aufkommen den Ländern oder den Gemeinden (Gemeindeverbänden) ganz oder zum Teil zufließt, bedürfen der Zustimmung des Bundesrats.

Als Beispiel für Landes- und Gemeindesteuern, die nicht bundesrechtlich geregelt sind, sind zu nennen Schankerlaubnis-, Getränke-, Vergnügung-, Hunde-, Jagdsteuern.

Zur *Verwaltung* der Steuern vgl. Art. 108 des Grundgesetzes. Zölle, Finanzmonopole, die der konkurrierenden Gesetzgebung unterworfenen Verbrauchsteuern, die Beförderungsteuer, die Umsatzsteuer und die einmaligen Vermögensabgaben werden durch Bundesfinanzbehörden verwaltet . . . Der Bund kann die Verwaltung der einmaligen Vermögensabgaben sowie des Teiles der von ihm in Anspruch genommenen Einkommen- und Körperschaftsteuer den Landesfinanzbehörden als Auftragsverwaltung übertragen . . . Die übrigen Steuern werden durch Landesfinanzbehörden verwaltet . . . Die Verwaltung der den Gemeinden (Gemeindeverbänden) zufließenden Steuern kann durch die Länder ganz oder zum Teil den Gemeinden (Gemeindeverbänden) übertragen werden . . . Soweit die Steuern dem Bunde zufließen, werden die Landesfinanzbehörden im Auftrage des Bundes tätig.

6. Nach der Verwendung der Steuererträge

Eine Steuer kann *zweckgebunden* sein, indem ihre Erträge für bestimmte Teile der öffentlichen Ausgaben festgelegt werden, oder eine *allgemeine* sein, d. h. der Deckung der öffentlichen Ausgaben überhaupt dienen. Die langfristige Entwicklung ist in Richtung auf allgemeine Steuern gegangen, wenn auch der Gedanke einer zumindest de facto Zweckbindung einzelner Steuern und damit ihre Annäherung an das Gebührenprinzip immer wieder, z. B. in der gegenwärtigen Diskussion um die Kraftverkehrsbesteuerung, auftaucht.

7. Nach der Stellung im Steuersystem

In seiner Beziehungslehre der Steuerformen hat Schmölders die Einzelsteuern in bezug auf ihre Stellung zueinander in folgender Weise gegliedert:

„Mehrgliedrige“ Steuern. Die deutsche Einkommensteuer z. B. ist in mehrere Erhebungsformen (veranlagte Einkomensteuer, Lohnsteuer, Kapitalertragsteuer) zerlegt. Es besteht gegenseitige „Anrechenbarkeit“ der gezahlten Steuerbeträge, d. h. daß z. B. bereits gezahlte Lohnsteuerbeträge, wenn der Steuerschuldner etwa noch nachträglich

zur Einkommensteuer veranlagt wird, von der Steuerschuld abgezogen werden. Anrechenbarkeit ist übrigens nicht zu verwechseln mit der „Abzugsfähigkeit" — z. B. gezahlter Kirchen- und Vermögensteuern — bei der Ermittlung des der Steuerschuld zugrundeliegenden steuerbaren Einkommens bei der Einkommensteuer.

*„Ergänzungs"*steuern. Zur Erreichung des Steuerzwecks werden mehrere Steuern nebeneinander eingeführt. Beispiele: preußische Ergänzungssteuer von 1893 zur 1891 eingeführten Einkommensteuer zwecks „Vorbelastung" des Besitzeinkommens, Ausgleichsteuer zur Umsatzsteuer, Wandergewerbesteuer zur Gewerbesteuer.

Durch *„Ausgleichs"*- oder *„Folge"*steuern sollen Steuervermeidungswirkungen erfaßt und verhindert werden, indem z. B. neben den Erbschaften auch Schenkungen, neben dem Zucker- auch der Süßstoffverbrauch der Besteuerung unterworfen wird.

*„Kontroll"*steuern sind ein Mittel zur Bekämpfung von Steuerzuwiderhandlungen; die eine von ihnen gibt Anhaltspunkte für die Nachprüfung der Erfüllung der Steuerpflicht bei der anderen. So kontrolliert die Erbschaftsteuer nachträglich die Erfüllung der Vermögensteuerpflicht des Erblassers zu seinen Lebzeiten, die Vermögensteuer in gewissem Maße die Erfüllung der Einkommensteuerpflicht, die Grunderwerbsteuer die Vermögensteuer und so fort.

8. Direkte — indirekte Steuern

Eine, wenn auch zeitweilig totgesagte, so doch immer wieder angewandte Gliederung der Steuern ist die in direkte und indirekte. Dabei gibt es durchaus unterschiedliche Kriterien für die Einordnung in die eine oder die andere Kategorie. Einmal ist man von der *Veranlagungs-* oder *Erhebungstechnik* ausgegangen. Danach wären direkt jene Steuern, die auf Grund von Steuerkatastern oder -listen erhoben werden (vgl. Katastersteuern). Den indirekten Steuern, denen dieses Kriterium fehlt, wäre demnach eigen, daß sie nach Steuertatbeständen erhoben werden, die im voraus größenmäßig nicht bestimmbar oder erkennbar sind (vgl. Tarifsteuern). Dieses Gliederungskriterium hat heute, da die „neuere Entwicklung die Grenzen zwischen jenen Steuern mehr und mehr verwischt hat" (Neumark), keine besondere Bedeutung mehr.

Eine andere — an sich ebenfalls ältere — Gliederung, die dann in der politischen Willensbildung zumindest der letzten hundert Jahre, d. h. bei der Argumentation für oder gegen bestimmte Steuern, eine gewisse Rolle gespielt hat, ist die nach der *Überwälzbarkeit*. Danach wären direkte Steuern jene, welche nicht überwälzbar sind (sog. Tragsteuern), indirekte dagegen solche, die überwälzt werden (sog. Vorschußsteuern). Als direkte werden dabei insbesondere die Einkommen-, Vermögen- und Erbschaftsteuern, als indirekte dagegen insbesondere Verkehrsteuern, Verbrauchsteuern und Zölle bezeichnet. Diese Zuordnung ist zweifellos abhängig von den Ergebnissen der Steuerüberwälzungslehre, die nach ihrem heutigen Stand im großen und ganzen zu dem Ergebnis kommt, daß — entgegen zwischenzeitlich geäußerten Zweifeln — doch wohl der ersten Gruppe zumindest eine relativ geringere, der zweiten dagegen eine relativ größere Überwälzbarkeit eigen ist[1]).

Die Unterscheidung zwischen indirekten und direkten Steuern spielt auch in den *Volkswirtschaftlichen Gesamtrechnungen* eine bestimmende Rolle. Im Sozialprodukt zu Marktpreisen sind neben den direkten auch die in-

[1]) Zu erwähnen ist noch, daß im Rahmen der Vorschriften für die Preisbildung bei öffentlichen Aufträgen auch die Behandlung der ververschiedenen Steuern nach ihrer *Kalkulierbarkeit* geregelt wird. Kalkulierbare, d. h. als Kosten in den Preis einzurechnende Steuern sind nach den Leitsätzen für die Preisermittlung auf Grund von Selbstkosten Steuern wie Gewerbesteuer, Vermögensteuer, Grundsteuer, Kraftfahrzeugsteuer, Beförderungsteuer. Umsatzsteuern und besondere Verbrauchsteuern sind als Sonderkosten anzusetzen. Nicht kalkulierbar dagegen, sondern aus dem Gesamterfolg zu tragen sind Steuern wie Einkommen-, Körperschaft-, Kirchen-, Erbschaft- und Schenkungsteuern. Die grundsätzliche Frage der Überwälzbarkeit der Einzelsteuern, die ja freie Marktpreisbildung voraussetzt und auch die sog. Fernwirkungen einschließt, wird dadurch nur in geringem Maße, etwa insofern berührt, als von der Preisbildung bei öffentlichen Aufträgen Einflüsse auf die Preise auf den anderen Märkten ausgehen.

direkten Steuern einbegriffen, im Sozialprodukt zu Faktorenkosten (Volkseinkommen) dagegen nicht. Dabei werden allerdings sowohl in der theoretischen Begründung als auch in der statistischen Praxis der einzelnen Länder faktisch unterschiedliche Kriterien für die Einordnung der Einzelsteuern in die eine oder andere Kategorie angewandt, so daß die Brauchbarkeit des Begriffs Sozialprodukt zu Faktorenkosten als internationaler Vergleichsmaßstab bereits bezweifelt wurde. Hierzu muß auf die Spezialliteratur verwiesen werden.

Zuletzt sei darauf hingewiesen, daß die offizielle, d. h. aber auch in gewissem Maße innenpolitisch bedeutsame Einordnung bestimmter Einzelsteuern in die eine oder die andere Kategorie auch abhängig sein kann von nicht sachlich bedingten Erwägungen. So ist die 1906 eingeführte Reichserbschaftsteuer nicht als direkte Steuer katalogisiert worden, weil nach der damaligen Auslegung der Verfassung von 1871 dem Reich direkte Steuern nicht zustanden. Oder, worauf Dalton im gleichen Zusammenhang hingewiesen hat: Wenngleich die Einkommensteuer gewöhnlich als direkte Steuer bezeichnet wird, ließ der Oberste Gerichtshof der Vereinigten Staaten sie 1861 als indirekte gelten, um sie als verfassungsmäßig zulässig erklären zu können.

9. Nach den ökonomischen Wirkungen

Es mag sinnvoll erscheinen, den bisherigen Gliederungen, in denen vorzüglich Steuerrecht und Steuertechnik eine Rolle spielten, während die ökonomischen Bezüge mehr am Rande standen, eine Gliederung anzuschließen, die die Wirkungen der Steuern in den Vordergrund stellt. Das könnte insbesondere dann wünschenswert sein, wenn die Steuern bewußt als wirtschaftspolitische Instrumente gewertet werden. So könnten etwa im Hinblick auf Einkommensverteilung, Beschäftigung, Angebots- und Nachfragestruktur usw. neutrale und nicht neutrale Steuern, letztere nach dem Grad ihrer Wirksamkeit, zusammengefaßt werden. Es bietet sich jedoch sogleich die Erkenntnis an, daß hier sehr komplexe Zusammenhänge vorliegen, die — wenn auch nicht völlig, so doch in großem Maße — unabhängig von der Steuertechnik sind, so daß Aussagen über die Wirkungsrichtung einzelner Steuern ohne nähere ökonomische Analyse nicht gemacht werden können. So sind — um nur ein Beispiel zu geben — die Redistributionswirkungen abhängig von der Steuerüberwälzung, diese wiederum auch von den Beschäftigungswirkungen. Zwar ist versucht worden, Einsichten derart zu gewinnen, daß gewisse Steuern, die von Schmölders als „Maßsteuern" bezeichnet werden, weniger leicht abwälzbar sind als andere — und insofern ist wohl die Steuertechnik durchaus nicht unbeachtlich —, dennoch ist eine weitergehende Analyse erforderlich, um die Gesamtzusammenhänge überhaupt ansatzmäßig in den Griff zu bekommen. Dazu sei auf die später folgenden Ausführungen (Steuerüberwälzung in § 9, Beschäftigungswirkungen in § 10, Verteilungswirkungen in § 11) verwiesen.

§ 6. Steuersystem

1. Begriff

Der Begriff Steuersystem kann in seinem weitesten Bezug bedeuten, daß das Nebeneinander gleichzeitig erhobener Steuern in seiner Vielfalt beschrieben wird. Man kann darüber hinaus aber auch zur Erfüllung des Begriffs in einem strengeren Sinne eine derartige Gestaltung dieses Nebeneinander fordern, daß sich dabei ein bestimmter Sinnzusammenhang ergibt. Dabei stoßen wir dann alsbald auf den Begriff „rationales" Steuersystem, oft gebraucht als Gegensatz zu einem „historischen" System.

2. Rationales Steuersystem

Das Postulat eines rationalen Steuersystems setzt bestimmte Ziele voraus, die durch die Besteuerung als politisches Instrument erreicht werden sollen. Es ist dabei sofort daran zu erinnern, daß die Steuern in den größeren Rahmen der gesamten finanziellen Einnahmewirtschaft einzuordnen, d. h. in vorliegendem Zusammenhang, daß auch andere Einnahmequellen, einschl. der Kredite, zu beachten sind. Zu den Rahmenbedingungen gehören somit auch Ordnung und Handhabung des Geldsystems. Es kann sich also bei der Forderung nach der Rationalität eines Steuersystems lediglich darum handeln, die Steuern so zu „ordnen", daß sie (bei gegebenen Ausgaben, gegebener Kreditpolitik, damit verbunden gegebener Ordnung und Handhabung des Geldsystems) den gewollten Zweck erfüllen helfen. Solche Zwecke mögen beispielsweise sein:

a) Ergiebigkeit

Setzt man den fiskalischen Gesichtspunkt der Ergiebigkeit in den Vordergrund, so folgt daraus ein Steuersystem, das sich deutlich von der Forderung einer einzigen Steuer abhebt, wie sie von den Physiokraten (Quesnay) und auch später immer wieder einmal vorgeschlagen wurde. Eine einzelne Steuer kann nicht sehr tief eindringen, sei es deswegen, weil sie, wie die Einkommensteuer, alsbald auf subjektive Steuergrenzen stößt, sei es, daß andere Umstände eintreten, die eine zureichende Ertragsfähigkeit verhindern. Darum wird bei vorliegendem Postulat ein „Bouquet", d. h. eine Vielzahl sich ergänzender Steuern zu fordern sein, die den „Vermeidungs"-wirkungen (vgl. § 9,2) auf der Spur bleiben. Einer allzu weiten Verfältelung der Steuerobjekte wird dann andererseits durch die Steuerhebungskosten eine Grenze gesetzt.

b) Redistribution

Ein Steuersystem, das redistributiv wirken soll, kann ebenfalls nicht auf eine einzige Steuer, z. B. die Einkommensteuer, allein gestützt werden, insbesondere dann nicht, wenn die bei der Einkommensungleichheit mitwirkende Unterschiedlichkeit in der Einkommenserzielungsmöglichkeit bei Arbeits- und Besitzeinkommen mit berücksichtigt wird. Aus diesem Grunde wird dann eine Ergänzung der Einkommensteuer durch eine Besteuerung des sog. fundierten (d. h. Besitz-)Einkommens durch die Vermögensteuer (historisch in Preußen: Ergänzungssteuer von 1893) und durch die (vor allem in England sowohl theorethisch begründete als auch praktisch wirkungsvoll ausgestaltete) Erbschaftsteuer gefordert. Als ergänzende Belastung mag ferner eine Besteuerung des Aufwandes diskutiert werden, insbesondere des gehobenen Aufwandes, denn bei solchen Steuern, die den Massenverbrauch treffen, ist an die möglichen Regressionswirkungen zu denken. Bei all solchen Bezügen ist das Problem der Überwälzung (allgemein: Steuerabwehr, vgl. § 9) zu berücksichtigen.

c) *Beschäftigungspolitik*

Will man die Steuern in den Dienst der Beschäftigungspolitik gestellt wissen, so bedeutet Rationalität des Steuersystems zunächst einmal, daß nicht etwa innerwirtschaftlich begründete Schwankungen des Sozialprodukts, der Investitions- und Konsumgüternachfrage noch verstärkt werden, sondern derartigen Tendenzen vielmehr, mit dem Ziele einer möglichst störungsfreien Wirtschaftsentwicklung, entgegengewirkt wird. Demgemäß sind in ihren Erträgen mit der Wirtschaftslage „automatisch" schwankende, d. h. bereits ohne Tarifänderungen in der Hochkonjunktur mehr, in der Depression weniger dem Kreislauf entziehende Steuern zu bevorzugen, u. U. sogar ergänzt durch eine solche „Konjunkturempfindlichkeit" der Steuererträge verstärkende ad hoc-Manipulierung der Steuersätze.

Bei all dem ist darauf zu achten, daß nicht etwa unerwünschte Nebenfolgen auftreten, die dem gesetzten Ziel im Sinne einer übergeordneten Wertung, d. h. aber auch unter Berücksichtigung anderer Ziele, entgegenstehen. Das ist weiterhin bei allen anderen Bezügen, aus denen heraus eine „Rationalität" des Steuersystems gefordert werden kann (vgl. Bd. I, Finanzpolitische Zielsetzungen), zu beachten.

3. Historische Steuersysteme

Spricht man von historischen Steuersystemen, so soll ein bestimmtes, örtlich und zeitlich gegebenes System beschrieben werden. Oft wird dabei an die jeweils vorherrschenden Steuerarten angeknüpft, wie z. B. in der Unterscheidung zwischen dem im vorigen Jahrhundert in Süddeutschland vorherrschenden Ertragsteuersystem gegenüber dem in Norddeutschland (Preußen, Sachsen) sich entwickelnden Personalsteuersystem. Dabei mag durchaus Objekt der Betrachtung sein, wie ein solches System in ertragsmäßiger, redistributiver, produktioneller usw. Weise gewirkt, zumindest aber, unter Berücksichtigung anderer historisch gegebener Umstände, mitgewirkt haben mag. Ein solcher Versuch mag zwar zunächst nur eine idealtypische Überhöhung des historisch gegebenen sein, aber es schwingt implicite eine Messung an gegebenen Zielvorstellungen mit. Das zeigt sich gerade auch dann, wenn eine gewisse Skepsis bezüglich der systembildenden Elemente nebeneinander bestehender Steuerarten, ihrer Erhebungsformen usw. aufbricht. Wenn z. B. Adolph Wagner von einem „Chaos" im Steuersystem sprach, so lag ihm einerseits das Leitbild eines sozialen Staates vor Augen wie andererseits die Erkenntnis, daß ein solches Leitbild sich infolge der durchaus unterschiedlichen Interessen der in den Steuerkämpfen tätigen politischen Gruppen nicht oder nur zögernd durchzusetzen vermochte. Denn das ist zu betonen: Ein gegebenes „historisches" Steuersystem ist in aller Regel nicht am Reißbrett entworfen und danach ausgeführt worden, sondern ist das Ergebnis von Kompromissen, die die politischen Gewalten, je nach der vorherrschenden Kräftekonstellation, geschlossen haben.

4. Steuerreformen

Obwohl die in der politischen Praxis zur Herrschaft gelangenden Leitbilder sich verändern mögen — sei es durch Verschiebungen in den politischen Kräften, die neue Kompromisse bedingen, sei es, daß neue Lagen und Gesichtspunkte eintreten —, unterliegen einmal eingeführte Steuern einer gewissen Beharrungstendenz, unterstützt durch die oft in durchaus kurzsichtiger Weise auf Einnahmeerzielung ausgerichtete Verwaltung. Deshalb ragen in der Regel aus der Vergangenheit dem Leitbild gegenüber systemfremde Elemente in die Gegenwart hinein. Der Gedanke der Veränderung, Steuerreform in weitestem Sinne, ist deshalb prinzipiell aus der Diskussion des letztten, sowohl wirtschaftlich als auch politisch bedeutenden Wandlungen unterworfenen Jahrhunderts nicht wegzudenken. Er hat, wenn man auch hier zu einer idealtypisch verkürzenden, d. h. natürlich auch vergröbernden Darstellung Zuflucht nimmt, in den Steuerkämpfen seit der Ära Bismarck eine immer wieder aufscheinende Rolle gespielt:

Die Zeit von der Reichsgründung 1871 bis zum Beginn des Ersten Weltkrieges 1914 erhält auf steuerpolitischem Gebiet primär ihr Gepräge durch die Suche nach neuen ergiebigen Steuerquellen infolge wachsender Ausgabenverpflichtungen. Die dabei zu beachtende Weghaltung des Reiches — vor allem dieses war infolge der gegebenen Aufgabenverteilung zwischen Reich und Staaten und unzureichender Austattung mit Finanzmitteln in ständiger Finanznot — von den direkten, Einkommen und Besitz belastenden Steuern wurde einmal verfassungsrechtlich, die Verteilung der Steuerquellen zwischen Reich und Einzelstaaten betreffend, begründet (vgl. Band IV, Finanzausgleich), zum anderen lagen dem aber auch verteilungspolitische Gesichtspunkte zugrunde. Dieses führte, insbesondere in der Zolltarifreform des Jahres 1879 und in den folgenden Jahren, zur Erhöhung der Einnahmen aus Zöllen und indirekten Steuern, auch mit Geschenkcharakter für bestimmte Wirtschaftszweige (vgl. die sog. Liebesgabe). Die Weiterentwicklung auf dem Gebiet der direkten Steuern blieb zunächst auf die Einzelstaaten beschränkt (Einkommensteuer moderner Art zunächst in Sachsen, dann 1891 in Preußen, später in anderen Staaten, ergänzt durch eine Vorbelastung des sog. „fundierten“ Einkommens). Erst im Zuge der Steuerreformen der Jahre 1906, 1909 und 1913, vor allem infolge des 1913 von der „Linken“ über die die direkte Besteuerung bekämpfende politische „Rechte“ errungenen Wahlsieges, erfolgte insgesamt ein gewisser, wenn auch bescheidener Durchbruch in Richtung auf direkte Reichssteuern (Reichserbschaftsteuer, Vermögenszuwachssteuer, Wehrbeitrag).

Kaum ein Fortschritt wurde in dieser Hinsicht in den Kriegsjahren 1914—1918 erzielt. Es erfolgte überhaupt nur eine sehr zögernde, im übrigen sehr spät einsetzende Erschließung neuer Steuerquellen trotz enorm wachsenden Finanzbedarfs, einmal infolge einer vollkommenen Verkennung der kreislaufmäßigen Zusammenhänge: man verstand nicht, daß wachsende kredit-, zumal schöpfungskreditfinanzierte Ausgabensteigerung unter den gegebenen Umständen zur Inflation führen mußte, zum anderen aus innenpolitischen Gründen. So wurde weder die notwendige Schwerpunktverlagerung der Steuerquellenverteilung zugunsten des Reiches, noch eine Inflationsbekämpfung, noch auch eine Redistributionsgesichtspunkten (Abschöpfung der Kriegsgewinne) genügende Reform — außer in einigen schwachen Ansatzpunkten — durchgesetzt.

Diese Erbschaft eines Bündels fälliger Reformen war von der jungen Republik bei erschwerten Nachkriegsbedingungen zu übernehmen und führte in den 1919 folgenden Jahren zu den auch teilweise realisierten Reformideen Erzbergers: Bekämpfung der gegenüber dem tatsächlichen Realvermögensstand überdimensionierten Geldmenge bei Abschöpfung der Kriegsgewinne durch eine Reihe einmaliger Steuern (sog. abschließende Kriegsbesteuerung und Reichsnotopfer); Einführung laufender direkter Reichssteuern wie Einkommen-, Körperschaft-, Kapitalertragsteuer, später Umwandlung des Notopfers in eine laufende Vermögensteuer; Reform des Steuerrechts, der Steuerverwaltung und der Finanzausgleichsgesetzgebung. Wenn auch ein zureichender Erfolg infolge der fortschreitenden Inflation zunächst nicht zu erzielen war, so wurde dadurch in gewissem Sinne aber doch der Boden für die Steuerpolitik (Steuernotverordnungen) Ende des Jahres 1923 vorbereitet, die die Geldreform durch eine rigorose, Kaufkraft abschöpfende Besteuerung unterstützte. Nach Überwindung der Inflation wurden die im Zuge der Unterstützung der Geldreform eingetretenen steuerlichen Übersteigerungen, vor allem aber die aus erhebungstechnischen Gründen auftretenden Anklänge einer Sollbesteuerung abgebaut, es erfolgte ein weiterer Ausbau des Steuerrechts (Reform von 1925). Dabei zeigten sich, so in der Senkung gewisser Steuersätze im Jahre der sog. Stabilisierungskrise 1924, einige, wenn auch wohl nicht voll bewußt empfundene Ansatzpunkte zu einer konjunkturgerechten antizyklischen Steuerpolitik.

Diese wird jedoch nach Einsetzen des zur großen Depression der 30er Jahre führenden Wirtschaftsabschwunges von 1929 nicht fortgeführt, die Steuer- wie auch die Ausgabenpolitik gipfelt vielmehr 1931 unter der Regierung Brüning in einer stark ausgeprägten Parallelpolitik. Nach vorhandenen, zumeist von Verwaltungskräften — die Vertreter der Theorie hielten sich mit einigen wenigen Ausnahmen zurück — vorbereiteten Plänen kam dann in der Politik der Regierung Papen (1932) ein — wenn auch zunächst noch zögernder — Durchbruch zu einer konjunkturgerechten Steuerpolitik (Steuergutscheinaktion als Form einer indirekten Steuersenkung). Auch in den 1933 folgenden Jahren spielte, neben bevölkerungs- und gesellschaftspolitischen Gesichtspunkten, die Belebung der Geschäftstätigkeit in der Steuerpolitik eine wesentliche Rolle.

Im letzten Kriege 1939—1945 wurden die Steuern stärker als im Weltkrieg 1914—1918 als Finanzierungsquelle herangezogen. Gewinnabschöpfung und Abschöpfung übermäßiger Liquidität in der Geschäftssphäre sowohl durch erhöhte Steuersätze bei der Einkommen- und Körperschaftsteuer als auch durch Quasibesteuerung (Gewinnabführung; Einzahlung auf sog. Betriebsanlage- und Warenbeschaffungsguthaben bei versprochenen, nach dem Kriege zu realisierenden Steuervergünstigungen) waren ausgesprochene Zielsetzungen, wie auch die Abschöpfung „überhängender" Kaufkraft in der Konsumsphäre durch erhöhte Einkommen- und Verbrauchsteuern (letztere sollten gegen Ende des Krieges noch einmal kräftig erhöht werden, der Plan wurde jedoch nicht mehr realisiert). Damit folgte das Reich der bereits im Ersten und dann verstärkt im Zweiten Weltkrieg von den angelsächsischen Ländern gehandhabten Praxis eines kräftigen Anziehens der Steuerschraube.

Dem letzten Kriege folgte eine Periode durch die Besatzungsmächte bestimmter Finanzpolitik. Nach schrittweiser Wiedererlangung der Finanzhoheit ließ es sich die Bundesregierung angelegen sein, auch mit Hilfe der Steuerpolitik das zum Wiederaufbau notwendige Sparen und Investieren zu fördern. Reformen erfolgten zunächst dadurch, daß bei auf hohem Niveau verbleibenden Tarifsätzen Steuerbegünstigungen für solche Tatbestände gewährt wurden, die den politisch gesetzten Zielen entsprachen. Das lag an sich im Sinne einer „marktkonformen", mit leichter Hand wirkende Politik, die den Wirtschaftssubjekten die letzte Entscheidung beläßt. Steuertarifsenkungen, bei teilweisem Abbau der partiellen Begünstigungen, die nunmehr als „dirigistisch" mehr und mehr abgelehnt wurden, folgten erst später, letztens 1958. Weitergehende Reformen, die auch die Umsatzsteuer einschließen, werden seit langem diskutiert.

In Ostdeutschland steht die Steuerpolitik voll im Dienste einer Umwandlung der Wirtschaftsordnung mit dem Endziel einer kommunistischen Gesellschaft.

§ 7. Rechtfertigung der Steuern

1. Staatsfunktionen

Die Notwendigkeit oder auch nur Verständlichkeit von Rechtfertigungslehren für die Erhebung von Steuern folgt aus deren Zwangscharakter. Eine positive Einstellung zur Besteuerung erfordert eine objektivierende, d. h. distanzierende Betrachtung. Dumpfes Ertragen der Last im Sinne des Untertanenstandpunktes (wie auch ein daraus entspringendes uninteressiertes Abwenden) kann nicht die Grundlage solcher Überlegungen sein. Deswegen erfordern Rechtfertigungslehren eine Vorstellung von den Funktionen des politischen Verbandes, der mit Hilfe der steuerlichen Einnahmenerzielung bestimmte Aufgaben zu erfüllen in den Stand gesetzt wird.

Der Staat kann — von hier aus gesehen — verstanden werden (a) als ein zweckhafter Zusammenschluß von Individuen, um das Leben dieser Individuen in irgendeinem Sinne „besser" zu gestalten, so daß Mängel des vereinzelten Lebens beseitigt werden. Die Beziehungen zwischen Staatsbürgern und Staat sind dann — hier immer bezogen auf den Steuererhebungsgrund — zu verstehen auf der Grundlage des Tauschgrundsatzes: do ut des. (b) Der Staat kann aber auch als eine geschichtlich gegebene Tatbeständlichkeit angesehen werden, die gedeutet wird als Voraussetzung für gesellschaftliches und damit individuell mögliches Leben überhaupt. Der Staat stünde sowohl tatsächlich als aber auch gedanklich vor dem Leben der einzelnen. (c) Weiterhin sind Lehrmeinungen zu verzeichnen, die den Staat durchaus als geschichtlich gegebene, allerdings aber auch bestimmten Entwicklungsgesetzen unterworfene und letztlich vorübergehende Erscheinung auffassen[1]). Er wäre, das ist die Lehre des klassisch-

[1]) Vgl. dazu die Diskussion um das „Absterben" des Staates bei der Auslegung Marx-Engelsscher Sätze durch Lenin u.v.a. Daneben hat es allerdings bereits in der Frühzeit des theoretischen Sozialismus Auffassungen gegeben (in Deutschland vor allem durch Rodbertus und Lassalle vertreten), die den Staat als Promotor zur Erringung neuer, sozialistischer Wirtschafts- und Gesellschaftsformen aufgefaßt wissen wollten.

orthodoxen Sozialismus, dadurch gekennzeichnet, daß er der jeweils herrschenden Gesellschaftsschicht sowohl tatsächlich, d. h. durch Ausübung bestimmter Funktionen, als auch durch Bewußtseinsbildung (Ideologie), die Manifestierung ihrer Herrschaft über die politisch und ökonomisch beherrschten Gesellschaftsschichten ermögliche.

2. Steuerrechtfertigungslehren

Diesen, in ihrer Vielfalt idealtypisch gerafften Auffassungen[1]) entsprechen verschiedene, hier ebenfalls idealtypisch auf das wesentliche geraffte Stellungnahmen zur Berechtigung der Besteuerung. Der ersteren (a) entspricht im wesentlichen die sog. *Äquivalenztheorie* mit ihren Varianten (z. B. die Assekuranztheorie), die, obgleich schon früher vertreten, dann zum festen Gedankengut der Steuerlehre der nationalökonomischen Klassiker wurde. Prägnanten Ausdruck fand sie in dem Ausspruch des englischen Nationalökonomen des 19. Jahrunderts, N. W. Senior: „Was wir den Beamten der Regierung bezahlen, ist die Gegenleistung für mehr oder minder genügenden Schutz gegen Gewalt oder Betrug von außen oder im Inneren. Das Geschäft, obwohl oft unfreiwillig und unvorteilhaft[2]), ist doch ein Tausch und im großen und ganzen ein vorteilhafter Tausch". Der anderen Auffassung vom Staat (b) wird allgemein die sog. *Opfer-* oder *Pflichttheorie* der romantischen Schule in der Nationalökonomie als Besteuerungsbegründung zugerechnet. Danach müßten die Individuen deswegen Abgaben leisten, weil sie Glied des Ganzen seien. Steuern könnten nicht als ein Preis für empfangene Staatsleistungen aufgefaßt werden. Denn — so hat von Eheberg berichtend die Begründung dieser Auffassung formuliert — „Die Leistungen kämen allen,

---

[1]) Der Anarchismus und gewisse vorstaatliche Auffassungen der Romantik (vgl. einerseits Proudhon, andererseits von Haller) seien nicht berücksichtigt.

[2]) Hier klingt noch eine gewisse, aus frühliberaler Skepsis stammende Zurückhaltung gegenüber dem Staat mit, im Gegensatz zur positiveren Haltung des Spätliberalismus etwa bei Wicksell und Lindahl, denen der parlamentarisch-demokratische Staat als Leitbild vorschwebt.

die im Staate leben, unteilbar zugute; sie ließen sich nicht in Geld nach dem Anteil der Individuen berechnen. Steuern und Nutzen aus der Steuer seien unvergleichbar". Die dritte oben (c) ergänzend angeführte Lehrmeinung steht der Besteuerung durch den „Klassenstaat" überhaupt (oder, in ihren reformerischen Varianten, dann, wenn Steuern mit regressiven, die unteren Einkommensschichten belastenden Wirkungen vorherrschen) skeptisch gegenüber. Andererseits, und das ist mit Deutlichkeit zu vermerken, sehen Vertreter dieser oder damit verbundener Auffassungen nach Übernahme der politischen Macht — solange der Staat noch nicht „abgestorben", d. h. eine „Übergangsperiode" gegeben ist — die Steuern sowohl in der Praxis als technisch brauchbares Finanzierungsmittel an als auch in Theorie und Praxis als qualitativ-politisches (d. h. im Sinne heutiger Terminologie: wirtschaftsordnungspolitisches) Instrument zur Überwindung der privatwirtschaftlichen Produktions- alias Eigentumsordnung.

3. Opfertheorie und Äquivalenztheorie

Die Grundaussagen aller Steuerrechtfertigungslehren sind axiomatischer Natur und entziehen sich als Überzeugungssache einer rein wissenschaftlichen Entscheidung. Das gilt auch von der Äquivalenztheorie und der Opfertheorie, die wegen ihres alternativen Charakters eine besondere Diskussion in der Finanzwissenschaft hervorgerufen haben. Wenn die Entscheidung auch letzten Endes Überzeugungssache ist, so wird doch die Hinwendung zu der einen oder der anderen Lehre auch beeinflußt von der Staatspraxis. Wenn heute der Staat neben den klassischen „Ordnungsaufgaben" (wie sie den Vertretern der Äquivalenztheorie, historisch gesehen, vor Augen standen) weitere Aufgaben übernommen hat, die dem uninteressierten Beobachter auf der Grundlage politischer und wirtschaftlicher Entwicklungen als irreversibel erscheinen (vgl. Band I § 3, 5), so steht er in einem weiteren Sinne *vor* der Existenz des einzelnen, als es liberalklassischer, übrigens aber auch klassisch-sozialistischer Sicht entsprach.

Andererseits aber ist der Begriff der Äquivalenz in dem Maße weniger wegzudenken, als das staatsbürgerliche Bewußtsein sich entwickelt. Denn damit wächst die Neigung, das Tun des Staates zu begreifen als ein Geben und Nehmen und die Gaben kontrollierend zu vergleichen mit der Gegengabe.

So weit gefaßt bietet die Forderung nach Äquivalenz genug Möglichkeiten für inhaltlich unterschiedliche Auffassungen. Was im konkreten Falle als Äquivalent empfunden wird, der individuelle bzw. Gruppennutzen oder der dem „Ganzen" zufallende Vorteil, hat zur Grundlage letzten Endes eine bestimmte ethisch-politische Haltung.

Dominiert der individuelle persönliche oder individuelle Gruppennutzen das Äquivalenzpostulat, so wächst die Bereitschaft, die Steuern in die Nähe der Spezialentgelte zu rücken, d. h. dem Gebührenprinzip in der Besteuerung Platz zu schaffen. Vgl. dazu das oben bei den Gebühren Gesagte, im Gegensatz zur Auffassung der Steuern als generelles Entgelt, wie sie in der Legaldefinition heute erfaßt werden.

Mit dieser Darlegung aber wird die Grundsatzauffassung dieser Arbeit wieder erreicht und gezeigt, daß auch im Rahmen der Rechtfertigungslehren der Steuern politisch-weltanschauliche Vorentscheidungen bestehen. Eine rein finanzwirtschaftliche, d. h. etwa Anspruch auf „wesensmäßige" Allgemeingültigkeit erhebende Lösung gibt es nicht.

4. Kreislauftheoretische Ergänzung

Soweit den vorliegenden Steuerrechtfertigungslehren die Auffassung zugrundeliegt, daß die qualitative Bedeutung der Steuern ausschließlich in ihrer Mittelbeschaffungsaufgabe für staatliche Ausgabenzwecke liege, ist nun eine Erweiterung anzuschließen. Es ist einerseits zu bedenken, daß es noch andere staatliche Finanzierungsinstrumente als Steuern gibt; das heißt die Frage der Besteuerung in den weiteren Rahmen der allgemeinen Einnahmelehre stellen; zum anderen aber ist zu bedenken, daß den Steuern u. U. noch andere Aufgaben unterstellt werden können als allein

Finanzmittel zu beschaffen. Davon haben wir bereits (Bd. I, Finanzpolitische Zielsetzungen) gesprochen. Der Staat könnte sich, entsprechende institutionelle Gegebenheiten vorausgesetzt, zusätzliche Geldmittel auch mit Hilfe der Geldschöpfung (Kreditschöpfung) beschaffen. Allerdings: Die Ausgabe so gewonnener Mittel mag die umlaufende aktive Geldmenge erhöhen, und es würde nicht auszuschließen sein, daß u. U. dadurch Preissteigerungen einsetzen. Dem wäre nicht so, wenn der Staat seine Ausgaben mit Hilfe von Steuereinnahmen finanzierte. In diesem Falle würde im gleichen Maße, wie Kaufkraft durch Staatsausgaben in den Wirtschaftskreislauf eingeschleust wird, andererseits Kaufkraft abgeschöpft werden[1]). Als spezifische Funktion der Besteuerung könnte demnach angesehen werden, Kaufkraft abzuschöpfen. In extremer Formulierung wurde darauf von der Lehre der „Functional Finance" verwiesen. Ihr richtiger Kern verträgt sich mit den oben genannten Begründungen für die Besteuerung. Sie ist lediglich eine Ergänzung der Steuerrechtfertigungslehren bezüglich der Art der Staatsfinanzierung nach kreislauftheoretischen Kriterien, nicht aber eine Alternative.

§ 8. Grundsätze der Besteuerung

1. Übersicht

Nächst der grundlegenden Frage der Steuerberechtigung hat die Finanzwissenschaft in immer erneuten Ansätzen versucht, Grundsätze aufzustellen, denen die Besteuerung im einzelnen folgen sollte. Wilhelm Gerloff hat, die Summe aus den vielen im einzelnen vertretenen Lehrmeinungen ziehend, zwischen Grundsätzen der Steuerdeckung, Steuerbemessung, Steuerverteilung, Steuerwirkung und Steuerverwaltung unterschieden. Grundsätze der Steuer*deckung*, wie die von Wagner u.a. postulierten der Ausreichendheit und Beweglichkeit oder Anpassungsfähigkeit,

[1]) Gewisse Abweichungen oder Erweiterungen im Zusammenhang mit der Lehre von Haavelmo seien hier zunächst vernachlässigt. Vgl. dazu Bd. IV.

berühren einmal die Wahlfrage zwischen verschiedenen Arten öffentlicher Einnahmen — Steuern können ja in gewissem Umfange durch andere Einnahmen ergänzt oder ersetzt werden —, zum anderen aber spielen sie in die wirtschaftspolitische Fragestellung hinein, d. h. erhalten ihre Fundierung von hier aus. Das gilt insbesondere, wenn das Postulat der Anpassungsfähigkeit der Steuererträge über seine ursprüngliche Bedeutung: einen dauernden Haushaltsausgleich zu ermöglichen, hinausgehend ausgedehnt wird auf die Erfüllung der von der Fiscal Policy aufgestellten Forderung nach einer möglichst großen Anpassungsfähigkeit der Steuererträge in bezug auf wechselnde konjunkturpolitische Belange. Diese Fragen werden in anderem Zusammenhang, in enger Anlehnung an die Lehre von den *Steuerwirkungen* behandelt. Grundsätze der Steuer*bemessung* oder des subjektiven Steuermaßes sind, was ihre Fundierung durch die Frage nach dem Charakter der Steuern als spezielles oder generelles Entgelt, als Preis oder Opfer, angeht, bereits in § 7 angedeutet worden. Sie werden weiterhin, zusammen mit den Grundsätzen der Steuer*verteilung* im folgenden aus den an Smith anknüpfenden Ansätzen inhaltlich behandelt werden. Die Bedeutung der sog. *Verwaltungs*grundsätze wird dabei gestreift.

2. Die Steuergrundsätze nach Adam Smith

Von Smith, dem hervorragenden Vertreter der klassischen politischen Ökonomie, sind, teilweise auf älteres Gedankengut zurückgreifend, im fünften Buch seines Wealth of Nations vier „Grundregeln über die Steuern im allgemeinen“ aufgestellt worden: I. *Gleichmäßigkeit* der Besteuerung; II. *Bestimmtheit* dessen, was jeder einzelne zu zahlen hat (Ausschaltung von Willkür bei der Steuererhebung); III. *Bequemlichkeit* im Hinblick auf die Besteuerungstermine und Zahlungsformen; IV. *Billigkeit*, d. h. Minimierung der Steuererhebungskosten.

Die Grundsätze der Bestimmtheit, Bequemlichkeit und Billigkeit wurden, so von Wagner, als *Verwaltungs*grundsätze bezeichnet. Einer etwa dadurch entstehenden Assoziation, daß sie weltanschaulich-politischer Fundierung entbehrten, muß man sich jedoch voller Klarheit entwinden: Bei Smith trugen sie gewiß politisch-programmatischen Charakter. Ihre Befolgung sollte die Staatsbürger vor einer, auf der Grundlage historischer Erfahrung nicht ohne Grund befürchteten, Willkür des Staates und seiner Beauftragten schützen. Auch heute noch fällt es dem politisch Erfahrenen schwer, sie ohne weiteres lediglich als (unpolitische) Verwaltungsgrundsätze zu bezeichnen, ganz gewiß aber nicht in dem Sinne, daß sie bereits erfüllt sein müßten, wenn nur „ordentlich" verwaltet würde. Dazu sind die Erfahrungen mit totalitären finanzpolitischen Systemen der Gegenwart und der jüngsten Vergangenheit, die wohl „ordentliche" Verwaltung aufweisen oder aufgewiesen haben mögen, ohne jedoch jene Grundsätze immer zu erfüllen (vgl. z. B. die Verletzung des Bestimmtheitsprinzips bei der Judenabgabe 1938), zu drückend. M.a.W., wenn nicht „Verwaltung" bereits einen politischen Sinn im Sinne der Rechtsstaatlichkeit erhält, ist die Bezeichnung der genannten Smith'schen Prinzipien als Verwaltungsgrundsätze zu inhaltsleer, um sie dadurch zureichend zu charakterisieren.

3. Der Grundsatz der Gleichmäßigkeit der Besteuerung insbesondere

Darüber hinaus dürfte aber vor allem die Notwendigkeit einer näheren Interpretation des Postulats der *Gleichmäßigkeit* empfunden werden.

a) Ausschließung von Privilegien

Auf Grund des heute vorherrschenden Gesellschaftsbildes mag man ohne weiteres geneigt sein, einen Satz anzunehmen, daß aus dem Grunde des Verpflichtetseins aller Staatsbürger dem Staat gegenüber Ausnahmen bei der Besteuerung auf der Grundlage historisch überkommener ständisch-gesellschaftlicher Privilegien auszuschließen sind.

b) Die Verteilung der Steuerlast nach objektiven und subjektiven Kriterien

Wenn von hier aus der Grundsatz der *Allgemeinheit* der Besteuerung abzuleiten ist, so bleibt — wir wollen ab ovo vorgehen — die Frage, ob das heißen soll, daß jede Person das gleiche an Steuern schulden soll, etwa im Sinne einer Kopfsteuer, so daß die Person selbst Steuerbemessungsgrundlage ist? Oder, ob bei der Festlegung der Steuerbemessungsgrundlage Gesichtspunkte im Vordergrund stehen sollen, die bestimmte, mit der Person verbundene Merkmale in das Spiel bringen wie das Einkommen und/oder das Vermögen derart, daß mit wachsender so definierter Steuerbemessungsgrundlage auch die Steuerbelastung wächst? Wenn ja, soll dieses Wachstum regressiv, proportional oder progressiv gestaltet werden? Die möglichen Begründungen sind systematisch aufzuführen:

α) Dafür, daß die „Reichen" steuerlich höher belastet werden sollten als die „Armen", gibt es zunächst die Begründung, die auf die höhere *Leistungsfähigkeit* der ersten Personengruppe hinweist. Mit höherem Vermögen oder Einkommen ausgestattete Personen können, Liquidität stillschweigend vorausgesetzt, mehr zahlen als weniger begünstigte. So bequem eine solche Begründung zu allen Zeiten dem Fiskus war — ein erfolgreicher Zugriff ist hier möglich! —, logisch gesehen ist die Leistungsfähigkeit zwar eine notwendige, nicht aber eine hinreichende Bedingung für die Begründung einer höheren Besteuerung der „Reichen". Es sind jedoch darüber hinausgehende Begründungsversuche zu verzeichnen, die als Argumente für eine unterschiedliche Besteuerungshöhe gesamtwirtschaftliche, aber auch die Belange der Staatsbürger vom individuellen Standpunkte aus berücksichtigende Gesichtspunkte in den Vordergrund stellen.

β) Vom Standpunkte *gesamtwirtschaftlicher* Vorstellungen kann die Höherbelastung im Gleichschritt mit wachsender „Leistungsfähigkeit" begründet werden einmal (β_1) sozialpolitisch im Sinne der von der deutschen Sozialwissenschaft, vor allem durch A. Wagner, vertretenen redistributionspolitischen Postulate. Danach soll mit Hilfe auch der Besteuerung eine nachträgliche Korrektur der in der Produktion erzielten Einkommensverteilung zugunsten der nicht besitzenden Volksschichten erfolgen, denen dadurch im Sinne eines Gerechtigkeitsideals die Chance gewährt würde, einen zureichenden Anteil an den Kulturgütern der Nation zu gewinnen. An eine grundsätzliche Änderung der privatwirtschaftlichen Natur der Produktionsverhältnisse wurde dabei nicht gedacht, anders als (β_2) von orthodoxen Vertretern des *revolutionären* Ziels einer Veränderung der Wirtschaftsordnung im Sinne des kommunistischen Manifests Marx' und Engels'. Von hier aus gesehen ist die Forderung nach einer Höherbelastung der „Reichen" (entsprechend der Zielsetzung und Praxis vielleicht richtiger: der selbständigen Unternehmer) ohne weiteres auch ohne die oben genannte zureichende Bedingung der Leistungsfähigkeit, d. h. auch dann zu verstehen, wenn infolge scharfer Besteuerung eine durchschlagende Schädigung bzw. im Grenzfalle der Ruin der Belasteten erfolgt. Solchen Zielsetzungen gegenüber erscheint (β_3) die *beschäftigungspolitische* Begründung neutral. Danach ist eine redistributive Besteuerung dann vertretbar, wenn durch sie eine in bestimmten Situationen als wünschbar erachtete Anhebung der volkswirtschaftlichen Nachfrage als erreichbar (d. h. aber auch: wenn das Problem etwa dadurch geminderter Investitionsanreize als lösbar) anzusehen ist.

γ) Neben diesen gesamtwirtschaftlichen sind auch in gleicher Richtung wirkende Argumente denkbar, die auf die *Interessen* der *Besteuerten* selbst Bezug nehmen. Das bereits genannte *Äquivalenzprinzip* (γ_1) läßt in seiner klassischen Formulierung eine solche Erweiterung zu: Eine höhere Besteuerung der „Reichen" erscheint deswegen vertretbar, weil diese die Staatsleistungen (insbesondere Schutz des Eigentums) in höherem Maße in Anspruch nehmen als die „Armen". Das Gleichmäßigkeitspostulat wäre als erfüllt zu verstehen bei einer persönlich ungleichen Steuerbelastung entsprechend ungleicher Inanspruchnahme der Staatsleistungen. Die Erfüllung des Postulats setzt aber, wie bereits oben betont, eine Lösung des Zurechenbarkeitsproblems voraus. Im Sinne liberal-klassischer Auffassung des vorzüglich „Ordungs“aufgaben (insbesondere Schutz des Eigentums nach innen und außen) erfüllenden Staates läßt sich eine solche dadurch konstruieren, daß man Steuerobjekt (Vermögen, Einkommen) und Staatsleistung (Schutz dieser Besitzstände) in Proportion zueinander stehend annimmt. Daraus mag dann auf eine proportionale Besteuerung als dem Gleichmäßigkeitspostulat entsprechend geschlossen werden. Anders stellt sich die Frage im modernen Sozialstaat (vgl. Bd. I, Liberal-interventionistisch gemischte Systeme). Nur wenn auch die sozialen Leistungen des Staates als Ordnungsaufgaben erfüllend verstanden werden etwa in dem Sinne, daß damit sozialer Frieden als Voraussetzung für einen störungsfreien Ablauf des volkswirtschaftlichen Prozesses geschaffen würde, wäre eine Zurechenbarkeit im Sinne klassischer Prinzipien grundsätzlich — bei allen Schwierigkeiten im Einzelfalle — denkbar.

Während die vorhergehende Argumentation sich auf den Nutzenzugang (und dementsprechenden Ausgleich durch die Steuerzahlung der Begünstigten) bezieht, ist es (γ_o) auch denkbar, den durch die Besteuerung erfolgenden Nutzen*entgang* zum Kriterium des Gleichmäßigkeitspostulats zu machen. Dieser Gedanke spielt in den Überlegungen der sog. *subjektiven Wertlehre* der neoklassischen Nationalökonomie eine wesentliche Rolle[1]). Hier kann angeknüpft werden an das Prinzip des gleichen, des proportionalen oder des minimalen Opfers. Vgl. dazu vor allem die im Literaturverzeichnis angegebenen Schriften von Sax, Einaudi und Edgeworth.

Grundlage solcher Überlegungen ist die Annahme eines abnehmenden Grenznutzens des Geldes. Die dabei auftauchenden Probleme, Meßbarkeit und Vergleichbarkeit (sowie damit verbunden: Addierbarkeit) individueller Nutzenschätzungen, können hier, da zur Problematik der

[1]) Daneben allerdings auch das Kriterium des durch die Staatstätigkeit bewirkten Nutzenzugangs; vgl. dazu insbes. E. Lindahl.

allgemeinen Wirtschaftstheorie gehörend, nur genannt, nicht aber weiter verfolgt werden.

Die wissenschaftliche Realisierbarkeit des zugrundeliegenden Theorems jedoch angenommen, fordert das Prinzip des *gleichen Opfers*, daß mit steigendem Einkommen von den Individuen höhere Steuerbeträge gefordert werden sollen, da die mit höheren Einkommen ausgestatteten Steuerzahler den Verlust einer Einheit Geldes weniger stark empfänden als weniger reich ausgestattete. Dabei ergibt sich eine proportionale Besteuerung, wenn sich der Grenznutzen des Geldes (d. h. einer weiteren Einkommenseinheit) umgekehrt proportional zum Einkommen verhält, eine progressive (regressive) Besteuerung, wenn der Grenznutzen stärker (schwächer) fällt als in umgekehrter Proportion zum wachsenden Einkommen.

Das Prinzip des *proportional gleichen Opfers* fordert, daß die durch die Besteuerung bewirkte Last im *Verhältnis* zum gesamten mit dem Einkommen verbundenen Nutzen gleich sei. Im Falle eines in umgekehrter Proportion zum wachsenden Einkommen fallenden Grenznutzens ergab sich gleiches Opfer bei *proportionaler* Besteuerung; daraus läßt sich folgern, daß sich proportionale Opfer, d. h. mit steigendem Einkommen *steigende* Opfer, in diesem Falle nur durch *progressive* Besteuerung verwirklichen ließen.

Das Prinzip des *minimalen Opfers* stellt den Gesamtnutzenentgang (die Summe aller individuellen Nutzenentgänge der betroffenen Steuerzahler) in den Vordergrund. Soll dieser minimiert werden, so müssen alle eine bestimmte Grenze[1]) überschreitenden Einkommen weggesteuert werden, da die unter diesen Bedingungen eingenommenen Steuerbeträge, zwar nicht für den jeweils betroffenen Steuerzahler, jedoch für die Gesamtheit aller Einkommensbezieher, einen minimalen Nutzenentgang darstellen würden. Denn jede andere Verteilung der Steuern, die von den unter der Grenze liegenden Einkommen Steuerbeträge fordern würde, um dafür die über dieser

[1]) welche man sich gemäß dem insgesamt benötigten Steueraufkommen errechnet vorstellen müßte.

Grenze liegenden Einkommen um die gleichen Beträge zu entlasten, würde den kleineren Einkommen mehr Nutzen entziehen als sie den größeren Einkommen zukommen lassen könnte.

Bei Würdigung dieser Postulate ist einmal darauf hinzuweisen, daß — zumindest im Zusammenhang mit den aus dem Prinzip des minimalen Opfers sich ergebenden Forderungen — die mit der Anreiz-Problematik zusammenhängenden und das wirtschaftliche Wachstum berührenden Fragen außer Beachtung bleiben. In einer auf den Entscheidungen der Privaten aufbauenden verkehrswirtschaftlichen Ordnung aber ist das von Bedeutung.

Zum anderen ist grundsätzlich zu bemerken, daß die Postulate der Gleichheit, der Proportionalität und der Minimierung des „Opfers" als solche nicht wissenschaftlich, auf keinen Fall aber wirtschaftswissenschaftlich begründet werden können. Sie sind axiomatischer Natur. Werden sie auf Grund politischer Anschauung „gesetzt", mögen sie genügen, um daraus Konsequenzen im Sinne eines lediglich instrumentalen Zweck-Mittel-Denkens zu ziehen, vorausgesetzt, daß die zugrundeliegende Nutzentheorie als wissenschaftlich realisierbar gelten darf und daß die, z. B. mit der Anreiz-Problematik verbundenen, Nebenfolgen in Rechnung gestellt werden.

Zu diesen Nebenfolgen rechnen im weiteren Sinne auch die möglichen Überwälzungs- und anderen Steuerwirkungen, die ebenfalls u. U. eine erfolgreiche instrumentale Nutzung der Besteuerung zum Zwecke der Vollziehung wie auch immer begründeter und gerichteter finanz-politischer Ziele in Frage stellen mögen.

§ 9. Steuerwirkungen I: Steuerabwehr

Im Vordergrund der Lehre von den Steuerwirkungen stand geraume Zeit die Lehre von der Steuerabwehr: In welchem Maß ist es den Steuerschuldnern möglich, sich auf die eine oder die andere Weise der Steuerbelastung durch neu eingeführte oder in ihren Sätzen erhöhte Steuern zu entziehen. Das alte, durch E. von Böhm-Bawerk präzisierte Problem: „Macht oder ökonomisches Gesetz“, d. h. die Frage, ob und wieweit es dem Staat gelingt, wirtschaftspolitische, die Ergebnisse des Wirtschaftsablaufs verändernde Ziele durchzusetzen, oder, ob und wieweit dieses infolge gegebener ökonomischer Zusammenhänge nicht gelingt, zeigt hier eine spezielle Seite. Das mag insbesondere die Redistributionspolitik betreffen. Dann ist in den letzten Jahrzehnten verstärkt — nach Ansätzen bereits im Rahmen der klassischen politischen Ökonomie — der Blick auf die Beschäftigungswirkungen gerichtet worden. Im folgenden werden in diesem § 9 zunächst die Steuerabwehrkämpfe, dann, im § 10, die Beschäftigungswirkungen und im § 11 zusammenfassend die Verteilungswirkungen der Besteuerung behandelt.

Zunächst ist zu betonen, daß es sich im folgenden nicht um Steuerabwehrkämpfe auf innenpolitischer Ebene zum Zwecke einer Beeinflussung der Steuergesetzgebung handelt. Zumindest stehen diese nicht im Vordergrund, wenn auch einiges des im folgenden Vorgetragenen zum Verständnis solcher Kämpfe beitragen mag. Vielmehr sind die Reaktionen der Steuerschuldner oder auch gesamtökonomisch zu verstehende Folgeerscheinungen auf Steueranstöße zur Debatte gestellt, welche eine bestimmte Steuergesetzgebung mit all ihren Nebengesetzen und institutionellen Verfahrensweisen bereits voraussetzen.

1. Steuerhinterziehung

Die Steuerhinterziehung ist eine *rechtswidrige*, durch das Steuerstrafrecht zu ahnende Form der Steuer*minderung*. Sie tritt auf als Erschleichung eines nicht gerechtfertigten Steuervorteils (z. B. Abgabe einer unrichtigen Steuererklärung), als Verwendung von Sachen ohne vorherige Anzeige (bei Verbrauchsteuern, Zöllen) und als Steuerumgehung (z. B. Abschluß von Scheinverträgen zwecks Zubilligung eines ermäßigten Steuersatzes für Großhandelsumsätze).

Man mag versuchen, die Steuerhinterziehung durch besondere Erhebungstechniken (oder durch Kontrollsteuern) hintan zu halten, vielfach wird ihr Tatbestand erst dadurch definiert, vgl. dazu etwa die Einführung des Deklarationszwanges bei der Einkommensteuer in Preußen 1891. Die Einführung von Steuern, die ein Eindringen in die Individualsphäre zur Aufhellung des Steuertatbestandes und damit oft als lästig empfundene Kontrollen notwendig machen, ist durchaus Objekt politischer Auseinandersetzungen gewesen, vgl. in diesem Zusammenhang etwa Bismarcks Gegnerschaft gegen die steuerliche Betriebsprüfung. Die geradezu sprichwörtliche Vorliebe der Franzosen für an äußeren Merkmalen anknüpfende Steuern ist hier ebenfalls einzuordnen.

Ein gegebenes Steuersystem vorausgesetzt, ist die Neigung zur Steuerhinterziehung und damit wiederum die Kontrollnotwendigkeit, eine Frage der Steuermoral. Diese mag mit steigenden Steuersätzen sinken. Die daraus folgende Minderergiebigkeit der Steuern gegenüber den Planansätzen mag zur Erhöhung der Steuersätze führen, damit wiederum zu verstärkter Neigung, die Gesetze zu umgehen, was die Notwendigkeit verstärkter Kontrollmaßnahmen mit sich bringt, wenn das finanzierungspolitische Ziel erreicht werden soll. Das führt dann u. U. zu einem circulus vitiosus, der dem Gesetzgeber vor allem in einem demokratischen Staatswesen Anlaß geben kann, die Frage des Steuersystems erneut zu überdenken.

2. Steuervermeidung

a) Der Tatbestand

Die Steuervermeidung oder Steuerausweichung ist im Gegensatz zur Steuerhinterziehung eine *rechtlich zulässige* (aus wirtschaftspolitischen Gründen u. U. sogar erwünschte) Form der Steuer*minderung*. Sie ist zu definieren als eine *Einschränkung des steuerlichen Tatbestandes* durch das Steuersubjekt.

Die Steuervermeidung kann bei fast allen Steuerarten einsetzen. In *sachlicher Hinsicht* ist eine ganze Reihe von Ansatzpunkten gegeben:

α) In der *Konsumsphäre* kann die Steuervermeidung bei der Einführung neuer oder Erhöhung bestehender Verbrauchsteuern durch eine Einschränkung des Verbrauchs der besteuerten Güter in Erscheinung treten. Bei partiellen Steuern durch Ausweichen auf andere, nicht besteuerte Güter, bei einer allgemeinen Steuer durch Senkung des Gesamtkonsums. In welchem Maße dieses in Erscheinung tritt, ist bedingt durch die Höhe der Nachfragesenkung, die eine Erhöhung des Preises (infolge der Zusatzbesteuerung) mit sich bringt.

Bei partiellen Steuern auf Güter des gehobenen Bedarfs, auf sog. „Luxusgüter", wird aus allgemeinen theoretischen Gründen auf eine stärkere Vermeidungswirkung zu schliessen sein als bei Gütern des sog. „lebensnotwendigen" Bedarfs. Auch im letzteren Fall mag aber eine stärkere Wirkung solcher Art dann bestehen, wenn es sich bei den durch die Steuer Betroffenen um sehr einkommensschwache Schichten handelt, die bei bisher bereits restlos eingesetzten Einkommensmitteln ihre Konsumtion auch lebensnotwendiger Güter nunmehr einschränken müssen. M. a. W., auch die Einkommenslage spielt bei vorliegender Frage eine bestimmende Rolle. Das gilt auch bei allgemeinen Verbrauchsteuern. Sind breite Schichten mit geringem, d. h. bereits bisher voll für den Verbrauch eingesetztem Einkommen, vorhanden, wird sich eine Steuererhöhung stärker nachfragemindernd auswirken als in anderen Fällen. Durch Einkommensredistribution mag deshalb u. U. die Vermeidungswirkung bei den Verbrauchsteuern geringer werden. Das aber wäre hinsichtlich der Beschäftigungswirkungen von Relevanz. Eine Steuerpolitik, die zwecks Hebung der Gesamtnachfrage eine „Verschiebung" der Einkommen hin zu solchen Schichten bewirken soll, die eine größere marginale Verbrauchsquote des Einkommens aufweisen, und die sich dabei einer Progressionsverschärfung bei den Einkommensteuern in Verbindung mit Transferzahlungen an minderbemittelte Schichten bedient, kann somit auch dadurch unterstützt werden, daß infolge der verbesserten Einkommenslage bisher schlecht versorgter Schichten bei den Verbrauchsteuern eine geringere Vermeidung stattfindet, d. h. bei gegebenen Steuersätzen und davon beeinflußten Preisen der Verbrauch größer wird.

β) In der *Produktionssphäre* kann die Steuervermeidung in vielfältiger Form auftreten, je nach Form und Ansatzpunkt der Steuern. So z. B. bei der Erhebung oder Erhöhung einer Lohnsummensteuer (vgl. Bd. III, Gewerbesteuer) dadurch, daß die Unternehmer, um Steuern zu sparen, menschliche Arbeit durch Maschinenarbeit *substituieren*, d. h. die Kombination der Produktionsfaktoren verändern. Das Streben nach Steuervermeidung kann auch zu einer Verringerung der Steuerbemessungsgrundlage durch *technische Veränderungen* am besteuerten Produkt führen, z. B. durch eine Verkleinerung des Hubraumes bei den Personenkraftwagen infolge einer — wie in Deutschland — nach dem Hubraum gestaffelten Kraftfahrzeugsteuer.

Neben diesen Bezügen kann die Steuervermeidung auch *räumliche* Bedeutung haben, wenn nämlich innerhalb eines Landes (z. B. bei unterschiedlich hohen Hebesätzen der von den Gemeinden erhobenen Gewerbesteuer) oder auch zwischen verschiedenen Ländern ein Steuergefälle mit sog. „Steueroasen" besteht und die dadurch ermöglichte Ausnutzung von Steuervorteilen die Standortwahl für Produktionsstätten beeinflußt.

Selbst die *Einkommenserzielung* kann Ansatzpunkt der Steuervermeidung sein. Im Falle von Steuern auf das Reineinkommen (nach Abzug der Kosten) mag dies dann der Fall sein, wenn infolge scharfer Besteuerung der Anreiz zur Kostensenkung in der Produktion gemindert wird. Der viel diskutierte Fall eines Nachlassens der Neigung überhaupt, mühe- und risikovolles Einkommen zu erarbeiten, wenn der Grenzsteuersatz bei den auf das Isteinkommen bezogenen Steuern ein gewisses Maß überschreitet, würde, falls relevant, ebenfalls als Steuervermeidung zu klassifizieren sein.

γ) Über die *Änderung rechtlicher Organisationsformen* und den *Zusammenschluß von Unternehmungen* zum Zweck der Steuerersparnis, die ebenfalls den Tatbestand der Steuervermeidung erfüllen, vgl. Bd. I, Kap. II, § 5.

δ) Weiterhin ist die Erzielung von Steuervorteilen durch eine *zeitliche Manipulierung* steuerrechtlicher Tatbestände als Steuervermeidung einzuordnen. So z. B. das zeitliche Verschieben abschreibungsfähiger Investitionen mit dem Ziele einer Gewinnausgleichung über verschiedene Steuerperioden oder überhaupt, soweit steuerrechtlich erlaubt, eine den steuerbaren Gewinn derart glättende Abschreibungspolitik bei gegebenen abschreibungsfähigen Objekten (vgl. dazu Bd. III, Einkommensteuer). Denn: infolge der Progression des Einkommensteuertarifs, d. h. überproportionaler Belastung der höheren Einkommen, ergibt sich bei einer über eine Reihe von Steuerjahren schwankenden Einkommensentwicklung insgesamt eine höhere Steuerbelastung als dann, wenn das steuerbare Einkommen als gleichmäßig fließend ausgewiesen werden kann. Durch den Lohnsteuerjahresausgleich ist auch für die Lohnsteuerpflichtigen eine begrenzte Möglichkeit solcher Art — innerhalb eines Steuerjahres — gegeben.

Die Vorwegnahme (der Aufschub) von Käufen bei erwarteten Steuer- oder Zollerhöhungen (-senkungen) zum Zwecke der Steuerersparnis sei nur am Rande vermerkt.

b) Die finanzpolitische Bedeutung der Steuervermeidung

Die öffentliche Hand mag Steuerausfälle aus *einnahmepolitischen* Gründen bekämpfen, durch eine den Steuertatbestand erweiternde Definition oder durch Verschärfung der Steuerkontrollen, aber auch, indem sie versucht, mit Hilfe von Ausgleichs- und Kontrollsteuern der Steuervermeidung auf den Spuren zu bleiben. Der Gesetzgeber mag auch wegen der sich bei der Steuervermeidung ergebenden weiteren, möglicherweise politisch nicht gewollten

Nebenfolgen die Notwendigkeit zu Änderungen in der Steuergesetzgebung prüfen. Anlaß dazu mögen beispielsweise die in der Diskussion um die Reform der Betriebsbesteuerung aufgeworfenen Gesichtspunkte geben, nicht durch die Art der Besteuerung Anlaß zu Umwandlungen in den Rechtsformen der Unternehmungen zu geben, die vom wie auch immer — betriebswirtschaftlich, wirtschafts- oder gesellschaftspolitisch — begründeten Leitbild wegführen. Oder: jene Argumente, die in der Diskussion um die Reform der Umsatzsteuer zu dem Vorschlag einer Netto-Umsatzsteuer geführt haben, mit dem Ziel der Ausschaltung der bei der bisher praktizierten Brutto-Allphasenumsatzsteuer angenommenen Konzentrationsbegünstigung.

Wenn vorliegende Gesichtspunkte Abwehrmaßnahmen in den Vordergrund rücken, die aus politischen Gründen unerwünschte Nebenwirkungen der Steuervermeidung zum Objekt haben, ist zu fragen, wieweit auch ein *bewußter Einsatz* solcher Reaktionen zwecks Erreichung bestimmter politischer Ziele denkbar und möglich ist. Das, indem den Steuerschuldnern bei Belassung völliger individueller Freiheit die Chance gegeben wird, Steuervorteile dadurch zu gewinnen, daß sie durch positives (z. B. Vornahme beschäftigungspolitisch erwünschter Investitionen) oder negatives Verhalten (z. B. generelle oder partielle Minderung des Konsums) den gesetzten politischen Zielen folgen.

So mag bei der geringeren Belastung der Verheirateten und Kinderreichen, andererseits schärferer Belastung von Unverheirateten und Kinderlosen durch die Einkommensteuer neben dem sozialpolitischen auch ein *bevölkerungspolitischer* Gesichtspunkt mitspielen; bei der Besteuerung des Verbrauchs von Alkohol und Tabak neben dem einnahmepolitischen auch ein *sozialhygienischer* mit dem Ziele der Einschränkung ihres Konsums. Um wirtschaftlich *benachteiligten Regionen* zu helfen, mögen steuerliche Präferenzen denjenigen gewährt werden, die an solchen Orten Beschäftigung gebende Wirtschaftstätigkeit entfalten: die Möglichkeit der Vermeidung höherer Besteuerung an anderen Orten wird als Anreizmittel für ein politisch erwünschtes Tun eingesetzt (vgl. die sog. Berlin-Präferenzen). So auch bei der Art steuerlicher Vergünstigungen, die, wie im Steuersystem der Bundesrepublik Deutschland, für bestimmte *wirtschaftliche Tatbestände* (langfristiges Sparen, Investitionen bestimmter Art) gewährt wurden oder werden. Daß dabei, soweit Vorteilschancen etwa vorzüglich einkommensstarken Schichten offenstehen, gleichzeitig Antiredistributionswirkungen auftreten, ist eine andere Frage. Während solche Präferenzen vorzüglich als Instrument der Struktur- und Wachstumspolitik zu verstehen sind, können Steuervermeidungschancen auch aus *konjunkturpolitischen* Gründen gewährt werden. So wurde beispielsweise 1938 in Schweden eine konjunkturpolitischen Gesichtspunkten folgende betriebliche Investitionspolitik steuerlich belohnt. Oder: Unter der Regierung Papen wurden in Deutschland in der Depressionszeit 1932 durch die Ausgabe von später von den Finanzkassen in Zahlung zu nehmenden Steuergutscheinen Steuervorteile für die Einstellung zusätzlicher Arbeitskräfte oder für die rechtzeitige Zahlung bestimmter Steuern gewährt mit dem Ziele der Aktivierung in der Wirtschaft vorhandener, aber nicht genutzter — inaktiver — Geldmittel. Auch die steuerlichen Vergünstigungen der Folgezeit im Falle bestimmter privater Bauinvestitionen usw. gehören hierher. Umgekehrt aber auch die in einer Periode mangelhafter Versorgungslage versprochene steuerliche Belohnung für die Festlegung von Geldmitteln in sog. Betriebsanlage- bzw. Warenbeschaffungsguthaben während des letzten Weltkrieges mit dem Ziel, die überdosierte Liquidität, welche vorhandene Inflationstendenzen verstärkte, einzudämmen.

3. Steuereinholung

Bei der Steuereinholung wird eine wachsende steuerliche *Belastung* vom Steuerschuldner durch eine *Steigerung* seiner *Leistung kompensiert.* Im allgemeinsten Fall dadurch, daß er, um sein Reineinkommen auf gleicher Höhe zu halten — wenn Hinterziehung ausgeschlossen ist —, versucht, sein Brutto- (hier: vor Abzug der Personalsteuern zu bemessendes) Einkommen zu erhöhen. Wenn man allgemein das Festhalten am einmal erreichten „Lebensstandard“ als gegeben annimmt und die Möglichkeit der Leistungssteigerung an sich besteht, mag derartig die Mehrbelastung durch irgendeine beliebige persönliche Steuer wirken. Bei denen, die auf das tatsächlich erzielte Ist-Einkommen gelegt werden, d. h. auch, bei denen die Steuerschuld mit der vorhergehenden Mehrleistung oder Anstrengung steigt, allerdings nur, solange der Grenzsteuersatz nicht eine derartige Höhe erreicht, daß der verbleibende Rest die Mehranstrengung und das gegebenenfalls höhere Risiko nicht mehr aufwiegt. Bei Steuern, die unabhängig vom tatsächlichen Einkommen erhoben werden, entfällt diese spezifische Wirkung. Eine genügend hohe Kopfsteuer mag z. B. die Betroffenen geradezu zwingen, in stärkerem Umfange tätig zu werden. Einen sehr speziellen Fall des Zwangs zur Steuereinholung hätte die im letzten Kriege von einigen deutschen Finanzwissenschaftlern (vgl. dazu die Diskussion zwischen Schmölders, Rittershausen, Doucet, Terhalle im Finanzarchiv, N. F. Bde. 8 bis 10) vorgeschlagene Kriegsbetriebssteuer in der Form einer Sollertragssteuer herbeigeführt. Durch eine unabhängig vom tatsächlich erzielten Ertrage ex ante nach „möglichen“ Erträgen festzulegende Steuerschuld sollte die gewisse, im Zusammenhang mit der Kriegsbewirtschaftung aufgetretene, Laschheit der Wirtschaftsführung so „bestraft“, Tüchtigkeit, bei gelungener Einholung, dagegen „belohnt“ werden. Überhaupt ist der alte Gedanke der Sollertragssteuer mit seiner Belohnungsidee (der „Tüchtige“ kann „Steuerdifferentialrenten“ für sich buchen) in diesen Zusammenhang einzuordnen. Vgl. dazu die von dem Agrarpolitiker Aereboe für die Besteuerung landwirtschaftlich erzielter Erträge und die von Wilhelm Andreae allgemeiner gefaßten Vorschläge zur Reform der Ertragsbesteuerung. Sofern die Sollertragssteuer an bestimmten „objektiven“ Gegebenheiten, u. a. der Kapazität eines Betriebes, aber auch, vgl. den von Doucet angeführten Gesetzentwurf, der Lohnsumme, d. h. bei gewissen variablen

Kosten anknüpfen soll, ist der Übergang zu den Steuern gefunden, welche die Verwendung von Rohstoffen belasten. Die Einholung mag darin bestehen, daß infolge der Besteuerung eine bessere Ausnutzung dieses Kostenfaktors möglich, ja bei gegebener scharfer Belastung geradezu erzwungen wird. Als bekanntes Lehrbuchbeispiel mag in diesem Zusammenhang auf die seit 1844 im Gebiet des Deutschen Zollvereins, bis 1887/91 vom Deutschen Reich in Form einer Rübengewichtssteuer erhobene Zuckersteuer verwiesen werden.

4. Steuerüberwälzung

a) Begriffe der Steuerüberwälzungslehre

Steuerüberwälzung ist der gelungene Versuch eines Steuerschuldners, ihm auferlegte Steuern, betreffe es die Einführung einer neuen oder die Anhebung der Sätze einer bereits bestehenden Steuer, im Preisbildungsprozeß einer anderen Person oder Personengruppe dadurch aufzulasten, daß er die gezahlten Zusatzsteuern durch erhöhte (niedrigere) Preise der von ihm verkauften (gekauften) Güter und Dienste kompensiert.

Es sind mehrere Möglichkeiten der Steuerüberwälzung zu unterscheiden: Bei der *Steuerfortwälzung* gelingt es dem Steuerzahlungsschuldner als Anbieter von Gütern oder Dienstleistungen, durch bewußte oder durch die Marktverhältnisse bewirkte Preiserhöhungen die Abnehmer zu belasten. Bei einer *Steuerrückwälzung* dagegen gelingt es ihm als Nachfrager von Gütern und Diensten, durch Preissenkungen die Steuerlast dem Anbieter zuzuschieben. Als *Weiterwälzung* werden alle dem primären Überwälzungsvorgang folgenden weiteren Überwälzungsvorgänge verstanden, z. B. wenn es im Falle der Fortwälzung den Nachfragern besteuerter Güter und Leistungen gelingt, ihrerseits die Preise der von ihnen angebotenen Güter und Leistungen zu erhöhen (Weiter*fort*wälzung), oder den durch eine Rückwälzung betroffenen Anbietern, die Preise der von ihnen nachgefragten Güter zu senken (Weiter*rück*wälzung). Soweit diese sekundären Wirkungen infolge des zwischen allen Märkten bestehenden Gesamtzusammenhanges wiederum das Geschehen auf den von der Steuer unmittelbar betroffenen Märkten beeinflussen, sind diese als tertiäre oder *Fernwirkungen* zu bezeichnen.

Die Überwälzung mag in stärkerem oder schwächerem Maße gelingen. Das hängt — wie wir noch sehen werden — davon ab, wie stark die *Vermeidungsmöglichkeit* bei den Steuerzahlungsschuldnern bzw. ihren jeweiligen Marktpartnern und den im Tauschprozeß folgenden Marktparteien ist, d. h. in welchem Maße sie infolge etwaiger tatsächlicher oder „drohender" Preiserhöhungen bzw. -senkungen ihre Angebots- oder Nachfragemenge zu senken geneigt oder imstande sind. Damit wird die Umsatzwirkung der Besteuerung berührt, und wir gewinnen von hier aus auch einen Zugang zur *beschäftigungstheoretischen* Seite der Steuerüberwälzungsproblematik (vgl. § 10). Die auf Grund von Überwälzungsvorgängen bewirkte Lastenverteilung dagegen berührt die *verteilungstheoretische* Seite und, sofern mit dem Mittel der Besteuerung etwa verteilungspolitische Ziele verfolgt werden, die Frage der Realisierungsmöglichkeit solcher Zielsetzungen. Da jedoch auch von der Beschäftigungslage Einkommensverteilungswirkungen ausgehen, soll die Frage der Verteilungswirkungen steuerlicher Maßnahmen zusammenfassend erst an späterer Stelle (§ 11) dargestellt werden.

b) Zur Entwicklung der Steuerüberwälzungstheorie

Davon ausgehend, daß die Besteuerung letzten Endes auf dem Reinertrage lasten bleibe, und unter der Annahme, daß allein der Boden einen Reinertrag hervorbringe, schlossen die *Physiokraten* (wichtigster Vertreter Francois Quesnay: Maximes générales, 1758), daß jede Steuer mit Ausnahme einer auf den Reinertrag des Bodens gelegten direkten Steuer überwälzbar sei. Anders die Vertreter der klassischen englischen politischen Ökonomie, unter denen nach Adam Smith (1776) sich vor allem David Ricardo (Principles of Political Economy and Taxation,

1817) durch einen konsequenten Einbau der Steuerlehre in die allgemeine Wirtschaftstheorie ausgezeichnet hat. Eine allgemeine, für alle Steuern zutreffende Aussage wird nicht geboten, vielmehr das Problem für die Einzelsteuern getrennt behandelt. Von den Arbeitnehmern erhobene Lohnsteuern z. B., insofern sie gemäß den auf den Arbeitsmärkten vorherrschenden Gesetzmäßigkeiten (vgl. das von Lassalle später sog. „eherne Lohngesetz") zu einer Lohnerhöhung führen, würden auf die Unternehmer abgewälzt werden, deren Gewinne dementsprechend eine Kürzung erführen. Das gleiche würde durch die Erhebung einer allgemeinen Gewinnsteuer erfolgen. Jeder Versuch, sie durch Preiserhöhungen der Produkte zu überwälzen, müßte (via Geld- und Währungsmechanismus) preissenkende Importe zur Folge haben. Anders, wenn durch spezielle Gewinnsteuern nur die Gewinne in bestimmten Wirtschaftszweigen herangezogen würden. Dann wäre — was bei einer allgemeinen Gewinnsteuer unmöglich erschiene: es ist dabei zu bedenken, daß Kapitalexport, hier etwa zum Zwecke der Steuervermeidung, im System Ricardos keinen Platz findet — ein Ausweichen auf andere Betätigungszweige möglich. Die Produktpreise der belasteten Branche können infolgedessen steigen, die Überwälzung auf die Verbraucher wäre möglich. Eine Steuer auf die Grundrente, anders als im Falle Kostencharakter tragender Besteuerung der landwirtschaftlichen Produktion, gilt deshalb nicht als überwälzbar, weil die Grundrente im System Ricardos nicht Preisbestandteil ist, sondern als ein Einkommen verstanden wird, das als Folge einer bestimmten Marktlage allein den Besitzern ökonomisch bevorzugter Böden zugeschwemmt wird. Seine teilweise Wegsteuerung würde nicht das Angebot an Bodenprodukten ändern, weil die gerade noch zur Deckung des Bedarfs herangezogenen „Grenzböden" keine Rente erzielen, d. h. ihre Besitzer nicht von einer Steuer auf die Grundrente getroffen würden. Dementsprechend würde auch der Preis der Bodenprodukte nicht steigen, d. h. eine Überwälzung auf die Verbraucher nicht eintreten. Verbrauchsteuern dagegen würden z. T. — sofern zu Lohnerhöhungen führend — eine Steuer auf die Gewinne sein, z. T. auf die reichen Verbraucher fallen.

Anders als die Physiokraten und die Klassiker hat, nach Vorgängern, N. F. Canard die Überwälzungsmöglichkeit beurteilt, indem er grundsätzlich jede Steuer in dem Sinne für überwälzbar erklärt hat, daß sie letzten Endes von allen am Wirtschaftsprozeß Teilnehmenden anteilsmäßig getragen würde (sog. *Diffusionstheorie*). Während die einen, vor allem A. Thiers, daraus auf eine stärkere Belastung der Wohlhabenden schlossen (diese verbrauchten mehr), waren andere, vor allem P. J. Proudhon, der Meinung, daß vornehmlich die Armen belastet würden. „Da die große Masse der Verbraucher arm ist, sind alle Steuern ungerecht, weil sie unbedingt die Armen schwerer belasten als die Reichen". Ein solcher Satz ist dann auf der Grundlage der Diffusionstheorie verständlich, wenn angenommen werden muß, daß die Einkommensschwachen einen größeren Anteil ihres Einkommens für Verbrauchsausgaben verwenden als die Einkommensstarken. Sie würden dann in der Tat in Relation zu ihrem Einkommen stärker belastet werden.

Von hier aus gewinnt man auch einen Zugang zur sog. *Machttheorie*, welche vor allem von Ferdinand Lassalle und anderen Sozialisten entwickelt wurde. Sie betont, daß die jeweils politisch herrschende Klasse die Steuerlast den anderen aufbürdet, im Zeitalter des Kapitalismus insbesondere mittels der den Massenverbrauch belastenden indirekten Steuern. Eine solche Theorie muß — da sie die Marktwirtschaft zur Grundlage hat — allerdings eine *ökonomische* Machttheorie einschließen, wenn sie haltbar sein soll, d. h. sie muß zeigen können, daß die infolge politischer Machtverhältnisse Belasteten nicht in der Lage sind, durch ökonomische Reaktionen auszuweichen, z. B. indem sie die Steuerbelastung im oben gezeigten Sinne „vermeiden", d. h. von den steuerbelasteten Gütern weniger verzehren. Damit leitet die aufgeworfene Frage aber schon über zu einer Behandlung des Überwälzungsproblems, wie es konsequent von der Preistheorie der *Neo-*

klassik in Angriff genommen wurde. Hier spielen die *Preiselastizitäten* der Nachfrage und des Angebots eine zentrale Rolle. Wenn ganz allgemein gesagt wird, daß derjenige Marktpartner als Ergebnis von Steuerüberwälzungskämpfen den größeren Anteil zu tragen hat, der die geringere Elastizität im Hinblick auf das zu tauschende Gut aufweist, so ist ganz deutlich das gemeinte ausgedrückt. Denn: geringe Elastizität bedeutet ökonomisch gesehen nichts anderes als geringe Fähigkeit, einen Tatbestand, z. B. den Kauf oder Verkauf eines Gutes oder Dienstes, auch wenn er oder sein Ergebnis (z. B. Lohn im Falle der Arbeitsleistung) mit Steuern belastet ist, zu „vermeiden". Damit ist zugleich der Gedanke ökonomischer Macht oder Unfähigkeit zur Steuerabwälzung impliziert.

c) *Der preistheoretische Lösungsversuch*

Die Untersuchung der Überwälzbarkeit wird im Rahmen der neoklassischen Preistheorie mit Hilfe von Marktmodellen durchgeführt, in denen die Struktur der Nachfrage und des Angebots eine entscheidende Rolle spielt; ferner sind entscheidend die Marktformen (Konkurrenz-, Monopolmärkte usw.), aber auch die Art der in Frage kommenden Steuer. Im Falle partieller Analyse werden die Nachfrage- und Angebotsbedingungen als gegeben angenommen, ohne die etwa denkbaren Änderungen, die sich infolge der sogenannten Fernwirkungen der Überwälzung auf dem beobachteten Markt selbst ergeben mögen, in Rechnung zu stellen, d. h. es wird die Klausel ceteris paribus angewandt. Hebt man diese Einschränkung auf (vgl. unten ε), so nähert man sich genereller Analyse.

Aus der allgemeinen Preistheorie wird für die Überwälzungstheorie geschlossen, daß die Steuerschuldner bei dem Versuch, die gezahlte Steuer durch eine Erhöhung ihrer Verkaufspreise fort- oder durch eine Senkung der Einkaufspreise rückzuwälzen, mit den daraus folgenden Mengenveränderungen zu rechnen hätten.

α) Sei das zunächst im Falle einer *spezifischen* Steuer erläutert, die von den Anbietern auf einem Konkurrenzmarkt erhoben wird. „Reine" Konkurrenz liegt dann vor, wenn auf einem Markte so viele Marktteilnehmer im Wettbewerb stehen, daß der einzelne keinen merkbaren, von seinem Handeln ausgehenden Einfluß auf das Marktgeschehen erwarten kann und daher den sich auf Grund des Marktspiels — wie auch immer — bildenden Preis als „Datum" annimmt[1]); weiterhin: Sowohl Anbieter als auch Nachfrager sollen „normale" Reaktionen zeigen, d. h. die Anbieter sollen bei steigenden Preisen mehr anbieten, die Nachfrager weniger nachfragen, vice versa bei fallenden Preisen. Eine mit steigendem Preis steigende Angebotsfunktion läßt sich kostentheoretisch, eine fallende Nachfragefunktion, soweit es sich bei den Nachfragern um Konsumenten handelt, nutzentheoretisch erklären; sind die Nachfrager Wiederverkäufer oder Produzenten, bei denen der Preis der in Frage stehenden Güter in die Produktionskosten der von ihnen angebotenen Güter eingeht, spielen dabei ihre eigenen Absatzmöglichkeiten mit, die im normalen Falle ebenfalls mit kostenbedingt steigenden Verkaufspreisen geringer werden, so daß sie dann weniger von den Kostengütern nachfragen können.

In der geometrischen Darstellung der Abb. 15a wird das mit Hilfe der respektiven Kurven der Nachfrage und des Angebots, vor Erhebung der Steuer, gezeigt.

Der Preis p_1 sei derjenige Preis, bei dem Angebot und Nachfrage im Gleichgewicht wären, d. h. bei dem der Markt gerade „geräumt" würde in dem Falle, daß keine Steuer erhoben (bzw. keine Steuererhöhung erfolgen) würde. Unter diesen Voraussetzungen würde der Marktprozeß wie folgt über die Überwälzung (hier Fortwälzung) einer neu eingeführten oder in ihren Sätzen erhöhten Steuer entscheiden: Da die Anbieter vom Verkaufs-

[1]) Die etwa mangelnde Anschaulichkeit und gewisse Fremdheit gegenüber der Wirklichkeit eines solchen wie der anderen im folgenden behandelten Marktmodelle fällt nicht der Finanztheorie zur Last. Sie ist auf die von der allgemeinen Wirtschaftstheorie entwickelten Marktmodelle angewiesen. Die eingeleiteten Weiterentwicklungen (u.a. durch die Spieltheorie) scheinen jedoch noch nicht in dem Maße fortgeschritten zu sein, daß darauf aufbauend genügend gesicherte verbesserte Klärung des Überwälzungsproblems zu erwarten ist.

preis nur den Teil für sich (für die Deckung der Betriebskosten i.e.S.) behalten können, der nach Abzug des Steuersatzes t pro abgesetzter Einheit verbleibt, muß der von ihnen geforderte Verkaufspreis bei jeweils gegebener Angebotsmenge um t höher sein als vor der Einführung neuer Steuern. Im Modell schlägt sich das in einer Verschie-

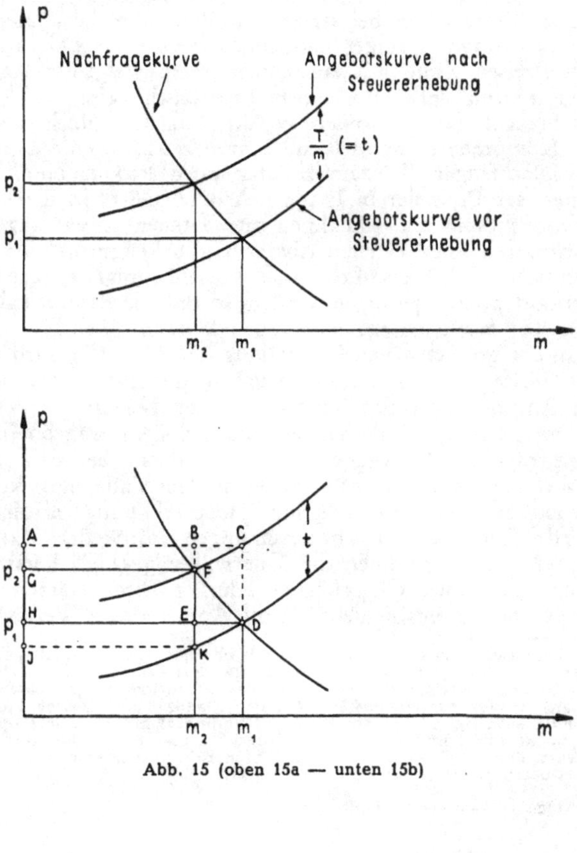

Abb. 15 (oben 15a — unten 15b)

bung der Angebotskurve nach oben (bzw. nach links) nieder. Der neue Gleichgewichtspreis p_2, der die Bedingung zu erfüllen hat, daß bei ihm wiederum Angebots- und Nachfragemenge gleich sind, ist höher als der bisherige Preis p_1.

Die in diesem Beispiel auftretenden Steuerwirkungen sind in der — mit Abb. 15a kongruenten — Abb. 15b hervorgehoben worden. Die ursprüngliche Absatzmenge betrug m_1, die dementsprechende Steuersumme würde $m_1 \cdot t$ oder das Flächenstück ACDH betragen. Durch Absatzeinschränkung $(m_1 - m_2)$ ist jedoch eine *Steuervermeidung* in Höhe von $(m_1 - m_2) \cdot t$ eingetreten, was dem Flächenstück BCDE entspricht. Das verbleibende Flächenstück ABEH entspricht dem Flächenstück GFKJ, d. h. der gezahlten Steuersumme $m_2 \cdot t$. Von dieser wird der Betrag $(p_2 - p_1) \cdot m_2$ (Flächenstück GFEH) auf die Nachfrager *überwälzt*, der Rest (Flächenstück HEKJ) vom Steuerschuldner (Produzenten) getragen.

Allgemein läßt sich sagen, daß der neue Gleichgewichtspreis und damit das Maß der Überwälzung bei gegebener Neigung der Angebotskurve vom Anstieg der Nachfragekurve abhängt. Verliefe die Nachfragekurve in dem für unsere Überlegungen relevanten Bereich flacher, so wäre der Gleichgewichtspreis und die überwälzte Steuer niedriger, darf dagegen die Nachfragekurve steiler verlaufend angenommen werden, so wäre der Gleichgewichtspreis p_2 höher und damit der Teil der Steuer, der von den Nachfragern zu tragen wäre, größer.

Zuweilen wird diese Aussage auch in der Form gemacht, daß das Maß der Überwälzung, bei gegebener Preiselastizität des Angebots, von der Preiselastizität der Nachfrage abhängig sei, worunter der Prozentsatz definiert wird, um den die Nachfrage sinkt, wenn der Preis um 1 % seines bisherigen Standes erhöht wird (vice versa bei Preissenkungen). Eine entsprechende Definition gilt für die Preiselastizität des Angebots, nur daß dort im Normalfall Preis- und Mengenänderungen gleichgerichtet verlaufen. Demgegenüber sei hier betont, daß es für die Überwälzungstheorie nicht auf das Verhältnis von *relativen* Änderungen (wie im eben definierten Elastizitätsbegriff) ankommt, sondern daß entscheidend das Verhältnis der *absoluten* Änderungen, d. h. der Mengenänderung dm zur Preisänderung dp, ist. Dieses Verhältnis $\frac{dm}{dp}$ wird nach Tinbergen als Elastizitätskoeffizient bezeichnet. In Zukunft sei in diesem Sinne eine Kurve mit kleinem (großem) Anstieg $\frac{dp}{dm}$, also mit großem (kleinem) Elastizitätskoeffizienten $\frac{dm}{dp}$, als preiselastisch (unelastisch) bezeichnet, oder es sei kurz von elastischem (unelastischem) Angebot bzw. elastischer (unelastischer) Nachfrage die Rede.

In diesem Sinne läßt sich zusammenfassend sagen, daß bei gegebener Angebotskurve um so weniger überwälzt wird, je elastischer die Nachfrage ist. Man kann weiter folgern, daß bei Steuern, die unmittelbar oder mittelbar den sogenannten lebensnotwendigen, d. h. unelastischen[1]) Bedarf treffen, die Nachfragenden einen größeren Teil der Steuer zu tragen haben als im Falle von Steuern auf den sogenannten Luxusbedarf, bei dem ex definitione die Nachfrage stark elastisch ist und somit die von der Steuer betroffenen Anbieter stärker belastet werden. Soweit zur Bedeutung der Nachfrage.

In entgegengesetzter Richtung ist die Angebotsstruktur für die vorliegende Frage von Bedeutung. Ist das Angebot in dem für unsere Überlegungen relevanten Bereich elastisch, wird ein kleinerer Teil, ist es unelastisch, wird ein größerer Teil der Steuer von den Anbietern getragen. M.a.W.: Bei auf den Absatz des besteuerten Gutes auf alle Fälle angewiesenen Anbietern, z. B. im Falle von Monokulturen, ist die Überwälzungsmöglichkeit geringer als bei solchen, die auf andere Produkte ausweichen können. All das mag der Leser durch eine entsprechende Veränderung der Kurven in der Abb. 15 studieren.

---

[1]) Vgl. aber die oben, bei der Behandlung der Vermeidungswirkungen gemachte Bemerkung, daß dann, wenn an der Grenze des Existenzminimums liegende Einkommensschichten betroffen werden, die (erzwungene) Vermeidungswirkung als größer anzunehmen ist.

β) Im Falle einer, im übrigen unter den gleichen Voraussetzungen wie ad α erhobenen, indirekten *Wert*steuer (Steuerbemessungsgrundlage: Erlös $= m \cdot p$) mit konstantem Satz t (Steuerbetrag $T = t \cdot m \cdot p$) ist das Bild insofern anders, als die Neigung der Angebotskurve verändert ist. Wenn nämlich die Angebotskurve ausdrücken soll, wie hoch der Marktpreis bei jeweiliger Angebotsmenge sein muß, damit die Anbieter bei dem ihnen verbleibenden Teil des Preises gerade dieses Angebot auf den Markt bringen, so muß, da der Steuerbetrag pro Stück ($\frac{T}{m} = t \cdot p$) mit steigendem Marktpreis steigt, die Angebotskurve nach Erhebung der Steuer steiler sein als vor ihrer Erhebung, vgl. Abb. 16, anders als im Falle einer spezifischen Steuer

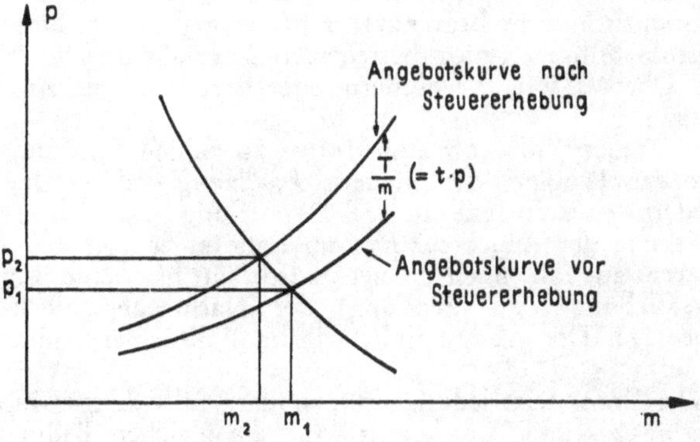

Abb. 16

mit gleichem Satz pro Mengeneinheit nach Abb. 15. Zwar würde sich am Preis und am Maß der Überwälzung in dem Sonderfall nichts ändern, in dem der Steuerbetrag der Wertsteuer pro Stück im neuen Gleichgewichtspunkt gerade dem Satz einer spezifischen Steuer gliche; das muß jedoch nicht zutreffen, und je nachdem wird der neue

Gleichgewichtspreis und das Maß der Überwälzung unterschiedlich sein. Da die Nachfrageelastizität nach einem besteuerten Gute auch durch die Möglichkeit oder Unmöglichkeit eines Ausweichens auf unbesteuerte Güter geprägt, d. h. größer ist, wenn solche Güter vorhanden sind, ist a priori anzunehmen, daß im Falle einer die Umsätze *aller* Güter belastenden Wertsteuer die Nachfrage unelastischer und somit die Überwälzbarkeit größer ist als bei Wertsteuern auf einzelne Güter. Diese Aussage muß jedoch, wie bereits bemerkt, für solche Schichten, die ein sehr geringes Einkommen beziehen, dahingehend qualifiziert werden, daß hier eine Vermeidungswirkung stärkeren Ausmaßes einsetzen mag. Die Überwälzbarkeit verringert sich somit dann, wenn die Bedeutung solcher an der Grenze des Existenzminimums liegenden Schichten groß ist. Am Rande sei darauf verwiesen, daß bei außenhandelspolitisch nicht begrenzter Einfuhrmöglichkeit auch die Einfuhr billigerer, nicht besteuerter Güter aus dem Ausland die Überwälzung verhindern oder zumindest erschweren kann.

γ) Steuern, die vom *Nachfrager* zu zahlen sind und somit das Problem der Steuer*rückwälzung* aufwerfen, erfordern eine formal andere Darstellung. Der Linksverschiebung der Angebotskurve im Falle einer von den Anbietern zu zahlenden Steuer entspricht hier eine Linksverschiebung (oder Senkung) der Nachfragekurve (vgl. Abb. 17). Der Absatz sinkt wie im Falle einer Anbietersteuer.

Der Preis steigt jedoch nicht, sondern fällt. Liegen in der Nachfrage- und Angebotsstruktur die gleichen Bedingungen vor, so sind nicht nur das Maß des Absatzrückganges, sondern auch der Nettoerlös der Anbieter sowie die Aufwendungen der Nachfrager und damit die Steuerbelastung, in beiden Fällen, einer Anbieter- oder Nachfragersteuer, die gleichen. Im übrigen ist das numerische Ergebnis des Rückwälzungsprozesses wie im Falle der Fortwälzung von dem Verhältnis des Steigungsmaßes der Nachfragekurve zu dem der Angebotskurve abhängig.

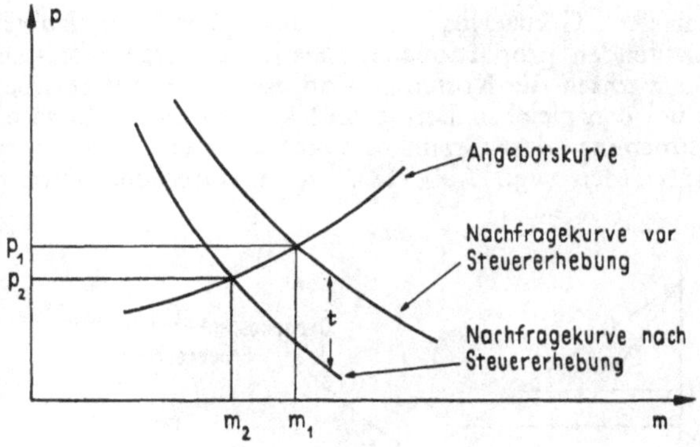

Abb. 17

δ) Bisher war von Konkurrenzmärkten die Rede. Nunmehr sei ein *Angebotsmonopol* unterstellt. Anders als der einzelne Anbieter auf einem Markt „reiner" Konkurrenz nimmt der monopolistische Anbieter den Marktpreis nicht als Datum hin, sondern kann ihn von sich aus festlegen. Will er seinen Gewinn maximieren, so hat er dennoch, wie bereits von Cournot gezeigt, die Reaktionen der Nachfrager zu berücksichtigen. Somit spielt auch hier der Verlauf der Nachfragekurve eine entscheidende Rolle. Das gilt auch für die Frage der Überwälzbarkeit indirekter Steuern. Es ergibt sich: Je elastischer (unelastischer) die Nachfrage, umso geringer (größer) die Überwälzbarkeit auf die Nachfrager. Denn: Angenommen, daß ein monopolistischer Anbieter das Ziel der Gewinnmaximierung verfolgt und zur Erreichung dieses Zieles derart vorgeht, wie im Modell der Monopolpreisbildung angenommen[1]), wird der Preis derart festgelegt, daß bei der damit verbundenen, d. h. bei diesem Preis erzielbaren Absatzmenge die Grenzkosten

[1]) Vgl. hierzu Paulsen, Allgemeine Volkwirtschaftslehre II, Sammlung Göschen, Bd. 1170, S. 127.

gleich dem Grenzerlös werden. Bei einer vom Anbieter zu zahlenden proportionalen *spezifischen* Steuer beispielsweise wachsen die Kosten pro abgesetzter Produktionseinheit um den gleichen Betrag und können daher durch eine Verschiebung der Grenzkostenkurve nach oben dargestellt werden (vgl. Abb. 18). Dementsprechend wird die

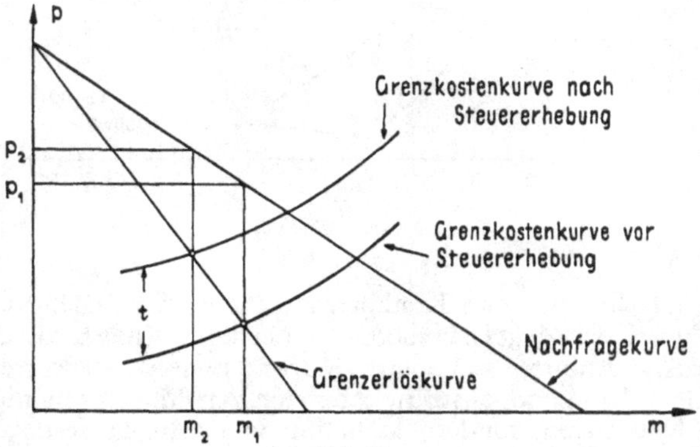

Abb. 18

Umsatzmenge niedriger, der Preis dagegen höher sein als vor Erhebung der Steuer. Je elastischer (unelastischer) nun, und damit kommen wir auf obige Behauptung zurück, die Nachfrage ist, umso weniger steil (steiler) verläuft die Grenzerlöskurve, d. h. um so stärker (schwächer) ist bei einer möglichen Preissteigerung der Absatzrückgang $(m_1 - m_2)$ und die Steuervermeidung $(m_1 - m_2) \cdot t$, um so geringer (höher) wird die bewirkte Preiserhöhung $(p_2 - p_1) \cdot m_2$ sein. Auch der Anstieg der Grenzkostenkurve wirkt sich auf das Ergebnis aus. Je größer dieser in dem in Frage kommenden Bereich ist, um so geringer ist die Steuervermeidung und um so höher ist der überwälzte Teil der gezahlten Steuer. Variationen im Falle einer Wertsteuer wie auch durch Steuern, die von den Nachfragern zu tragen sind (Verschiebung der Nachfragekurve nach links), seien den Überlegungen des Lesers überlassen.

ε) Nunmehr soll die einschränkende Klausel „ceteris paribus" fallen. Als Zwischenschritt ist der Blick auf die Märkte zu richten, die von den Überwälzungswirkungen sekundär, d. h. durch Weiterwälzung, betroffen werden. Im Falle der Weiterfortwälzung sind hier die Nachfrager auf den primär betroffenen Märkten nunmehr Anbieter, die versuchen, die erhöhten Kosten im Verkaufspreis wieder hereinzuholen, bei Weiterrückwälzung sind die Anbieter auf den primär betroffenen Märkten nunmehr Nachfrager, die ebenfalls versuchen können, die ihnen überwälzte Steuerlast durch eine Preissenkung der von ihnen benötigten Kostengüter und Dienste weiterzuwälzen. Im Prinzip sind diese Weiterwälzungsprozesse theoretisch ebenso zu behandeln wie die primären Überwälzungsprozesse, wobei auch hier die Verläufe der Angebots- und Nachfragekurven eine entscheidende Rolle spielen. M.a.W., auch hier kann noch eine, nur sozusagen auf die jeweils nächste Marktstufe verlagerte partielle Analyse gewisse Dienste bieten. Richtet man den Blick jedoch auf die Rückwirkungen, die sich von den eingeleiteten Überwälzungs- und Weiterwälzungsprozessen u. U. via Interdependenz der marktwirtschaftlichen Größen auf dem von der Steuer primär betroffenen Markt selbst ergeben, so ist die bisher gebrauchte Voraussetzung „ceteris paribus" aufzuheben, d. h. es ist zu fragen, ob sich durch dieses Zusammenspiel etwa an den Voraussetzungen der benutzten einfachen Modelle, gegebenen Angebots- und Nachfragefunktionen, Änderungen ergeben.

Eine Änderung der *Angebots*kurve ist dann anzunehmen, wenn z. B. auf Grund höherer Preise auf dem untersuchten Markt und daraufhin durch Weiterwälzung sich einstellenden höheren Preisen auf den nachgeordneten Märkten endlich via Gesamtmarktspiel auch die Kostengüterpreise auf dem von der Steuer unmittelbar betroffenen Markt in Mitleidenschaft gezogen werden. Da die Preise der Kostengüter — sie waren zunächst als gegeben angenommen — ihre besondere Bedeutung für die Lage der Angebotskurve haben, wird im Regelfalle ihre Erhöhung eine derartige Änderung der Angebotsmenge bewirken, daß bei jeweils gegebenem Verkaufspreis der Produkte eine geringere Menge angeboten würde als in der Angebotskurve der Abb. 15 zum Ausdruck kommt. Eine weitere Linksverschiebung dieser Kurve würde diesen Tatbestand verdeutlichen. Das bedeutet, wie in Abb. 19 dar-

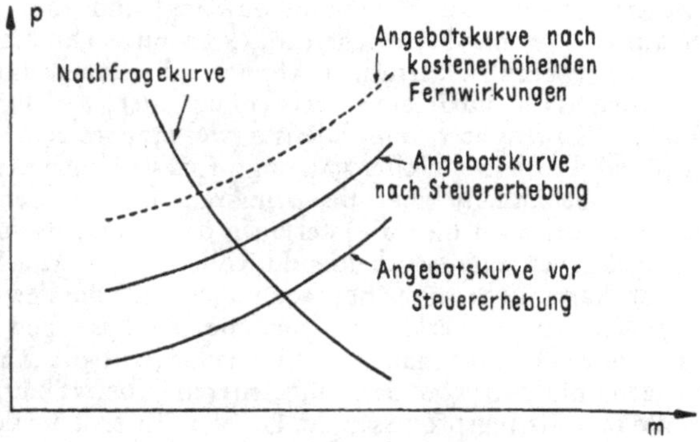

Abb. 19

gestellt, für den einfachen Fall einer proportionalen Mengensteuer eine Änderung der primären Überwälzungsvorgänge gemäß Abb. 15 derart, daß bei geringerem Umsatz der Preis stärker erhöht wird.

Von den Mengenänderungen mögen andererseits kostenmindernde Wirkungen ausgehen. Weniger Umsatz bedeutet in der Regel geringere Beschäftigung. Es werden weniger Faktoren benötigt. Gelingt es diesen nicht in vollem Umfange, anderswo Beschäftigung zu finden, so werden unter gewissen weiteren Voraussetzungen ihre Preise auf den beobachteten Märkten fallen. Ist das aber der Fall, so sinken die Produktionskosten, was in einer Rechtsverschiebung der Angebotskurve der Abb. 15 zum

Ausdruck kommen kann. Das würde bedeuten, vgl. Abb 20, daß eine weitere Änderung der primären Überwälzungsvorgänge anzunehmen ist, derart, daß bei geringerer Senkung des Umsatzes der Preis weniger stark erhöht wird als auf den Abb. 15 bzw. 19 ersichtlich.

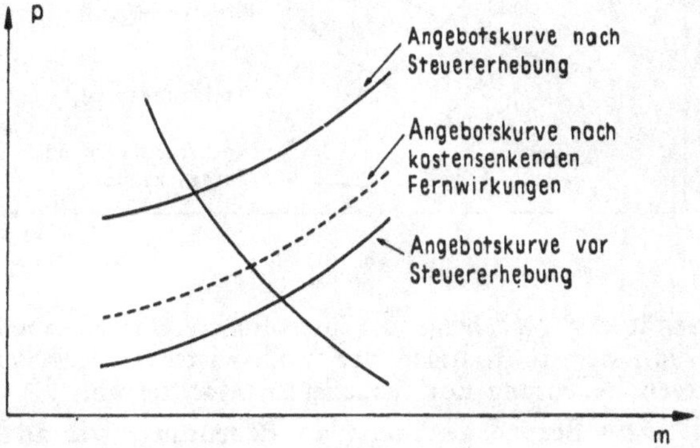

Abb. 20

Die *Nachfrage*struktur des besprochenen Marktes mag ebenfalls durch Überwälzungsvorgänge beeinflußt werden. Die Nachfragekurven in unseren einfachen Modellen bauen, da sie die Nachfrage lediglich als eine Funktion des Preises ausweisen, auf einer gegebenen Höhe des Einkommens der Konsumenten als unmittelbaren oder mittelbaren Nachfragern auf. Sinkt dieses etwa infolge der ausgelösten, mit der Überwälzung verbundenen Vermeidungsprozesse, so wird die Nachfragekurve sich nach links verschieben. Das würde, wie in Abb. 21 dargestellt, wegen einer weiteren Senkung des Umsatzes, einer geringeren Erhöhung des Preises, eine weitere Änderung gegenüber den primären Überwälzungsvorgängen der Abb. 15 und auch der Fernwirkungen gemäß Abb. 19 und 20 bedeuten. Das Maß der Nachfrageänderung hängt neben der Einkommens-

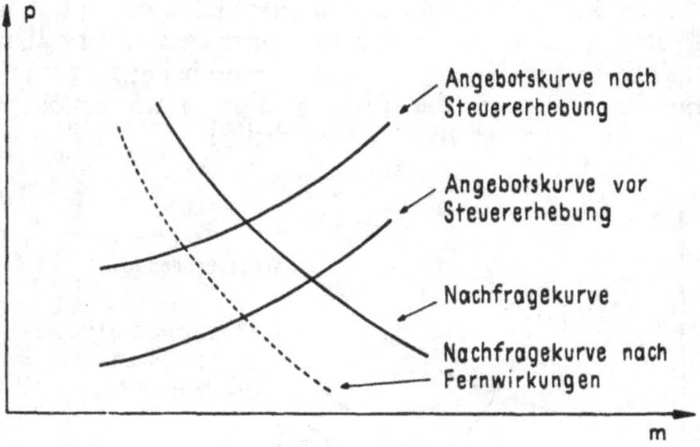

Abb. 21

elastizität der Nachfrage der betroffenen Güter insbesondere von der im Rahmen der Volkswirtschaft gegebenen relativen Bedeutung des debattierten Marktes ab.

All diese Bezüge gewinnen an Bedeutung, wie zu betonen ist, je größer der Anteil des zur Besprechung stehenden Teilmarktes am Gesamtmarkt ist. Die in den obigen einfachen Modellen der Abb. 15 bis 18 gepflegte Art der Darstellung ist in all den Fällen eher ausreichend, in denen es sich um Märkte handelt, die im Verhältnis zum Gesamten eine relativ unbedeutende Rolle spielen, also bei denen partielle Analysen auch sonst mit Erfolg angewandt werden. Bei allem spielt auch die gesamtwirtschaftliche Lage eine bestimmende Rolle. Wächst die Konjunktur, d. h. die allgemeine Nachfrage, so sind Preiserhöhungen leichter durchzusetzen als im Falle eines Nachlassens der Wirtschaftstätigkeit.

ζ) In stärkerem Maße umstritten ist die Frage der Überwälzbarkeit von *direkten* Steuern — bisher war nur von indirekten die Rede —, insbesondere der Einkommensteuern. Von ihnen ermöglicht die *Lohnsteuer* am ehesten eine marktmäßige Analyse, weil sie Einkommen belastet, die als Preiseinkommen im Bereich der Produktion Kostencharakter tragen, anders als Gewinnsteuern, die Residualeinkommen belasten. Lohnsteuern haben als Steuerbemessungsgrundlage das Einkommen natürlicher Personen, die als Anbieter auf dem Arbeitsmarkt zu betrachten sind. Ricardo, wie insgesamt die Klassik, hat eine Überwälzbarkeit der Lohnsteuern deswegen angenommen, weil der Reallohn (hier: Bruttolohn abzüglich Lohnsteuer unter Berücksichtigung der Warenpreise) im Sinne des „ehernen Lohngesetzes" eine bestimmte, das Existenzminimum sichernde Höhe halten müsse. Hierbei waren Konkurrenzverhältnisse sowohl auf den Güter- als auch auf den Arbeitsmärkten vorausgesetzt, wie auch Lohneinkommen, die in der Nähe des Existenzminimums liegen. Heute, im Zeitalter organisierter Arbeitsmärkte, spielt die Reallohnentwicklung ebenfalls, nämlich als Argument bei lohnpolitischen Auseinandersetzungen, eine Rolle. Das zunächst im Hinblick auf die den Reallohn beeinflussenden Güterpreise. Werden die Lohnsteuern ebenfalls in die Argumentation einbezogen, d. h. ihre Erhöhung als Argument bei Lohnforderungen gewählt, ist der gedachte Fall gegeben. Die *Durchsetzbarkeit* so etwa begründeter Lohnforderungen hängt von den Elastizitäten des Angebots und der Nachfrage von und nach Arbeitskräften ab. Je unelastischer die *Nachfrage* der Unternehmer, um so leichter lassen sich lohnsteuerlich begründete Lohnforderungen durchsetzen. Die Nachfrage ist aber um so starrer, d. h. die Unternehmer werden ihre Nachfrage nach Arbeitskräften bei Lohnerhöhungen um so weniger einschränken, je weniger sie durch die Wahl anderer, weniger lohnintensiver Produkte oder durch Rationalisierungen auf andere Faktoren ausweichen können. Die *Angebotselastizität* der Arbeitnehmer ist ebenfalls abhängig von der Möglichkeit des Ausweichens in andere Tätigkeitsbereiche. Dies ist bei einer allgemeinen Lohnsteuer nicht sinnvoll, da die Steuer überall erhoben wird. Wenn von hier aus die Elastizität und damit die Überwälzungsmöglichkeit gering erscheint, so bleibt andererseits die Frage, ob nicht Lohnsteuererhöhungen das Arbeitsangebot dadurch verknappen, daß die Neigung, Mehrarbeit zu leisten, geringer wird (Welinder). Das mag im Falle fühlbarer Progression durchaus zutreffen.

Die Bedeutung dieses Phänomens — das ja in der Praxis der Steuergesetzgebung, z. B. der Bundesrepublik Deutschland, durch Steuervergünstigungen für Überstundenarbeit zeitweilig gewürdigt worden ist — hängt wiederum von der gesamtwirtschaftlichen Lage ab. In Konjunkturzeiten werden die Unternehmer hier sehr stark reagieren, d. h. Lohnforderungen deswegen eher nachgeben, weil ihre Weiterwälzungsmöglichkeit größer geworden ist. Die aus diesen Gründen in Hochkonjunkturzeiten als größer anzunehmende Fortwälzungsmöglichkeit erhöhter Lohn*steuern* hat deswegen besondere Bedeutung, weil ja, wie wir sehen werden, einige Autoren, wie z. B. A. H. Hansen, Lohnsteuererhöhungen als Instrument (neben anderen) einsetzen wollen mit dem Ziel, die in Hochkonjunkturzeiten übersteigerte reale Nachfrage zu senken und Preissteigerungstendenzen zu bekämpfen. Bei Lohnsteuerfortwälzungen würde gerade dieses Ziel nicht voll getroffen. Hansen lenkt den Blick tatsächlich auch auf Dämpfungswirkungen, die im Zusammenhang mit der Steuer*rück*wälzung stehen. Die besteuerten Empfänger von Unselbständigeneinkommen sind gleichzeitig Nachfrager auf Konsumgütermärkten. Ihre Nachfrage ist stark einkommenselastisch. Deshalb wird eine steuerlich bedingte Senkung der verfügbaren Einkommen sich zum großen Teil in einer Senkung der Nachfrage nach Konsumgütern niederschlagen. Dementsprechend werden dadurch die Preise auf diesen Märkten sinken oder zumindest etwa vorhandene Preisauftriebstendenzen gebremst werden. Welche der Wirkungen, preissteigernde Fortwälzung oder preisdämpfende Rückwälzung der Lohnsteuer, letzten Endes der Preisentwicklung ihren Stempel aufprägt, hängt auch davon ab, welche der Wirkungen zuerst einsetzt und u. U. damit die andere an sich mögliche Wirkung voll oder zum Teil überspielt. Darauf haben die Vertreter verlaufsanalytischer Betrachtungsweise in der Nationalökonomie hingewiesen. All das sind Tatbestandsfragen, die auch im institutionellen Bereich, insbesondere auch im Organisationsgrad auf Arbeits- und Gütermärkten, ihre Begründung haben. Wie dem auch sei, auf jeden Fall ist daran festzuhalten, daß die Abwehr einer zusätzlichen Lohnbesteuerung von zwei Seiten aus, der Fort- und der Rückwälzung denkbar ist.

η) Demgegenüber ist die Überwälzbarkeit von *Gewinnsteuern* in stärkerem Maße zu bezweifeln. Die Rückwälzungsmöglichkeit ist deswegen weniger bedeutsam, weil die Einkommenselastizität der Bezieher von Gewinneinkommen in der Regel geringer ist als die der Lohneinkommen Beziehenden. Aber auch die Fortwälzungsmöglichkeit kann, solange man strenger Preistheorie im Sinne der bisher angewandten Grenzanalyse folgt, für keine Marktform als gegeben angenommen werden. Jeder Unternehmer bietet danach, um seinen Gewinn zu maximieren, diejenige Gütermenge an, bei der seine Grenzkosten dem Grenzerlös gleich sind. Nun werden die Grenzkosten durch eine Gewinnbesteuerung nicht geändert[1]), erst recht nicht die Grenzerlöse. Unveränderte Grenzkosten bedeuten bei reiner Konkurrenz eine unveränderte Angebotskurve (die ja aus den Grenzkostenkurven der einzelnen Anbieter entwickelt wird), also ergibt sich ein unveränderter Gleichgewichtspreis als Schnittpunkt der Angebots- und Nachfragekurve. Auch bei anderen Marktformen kann aus den unveränderten Grenzkosten- und Grenzerlöskurven auf eine unveränderte Preis-Mengenkonstellation geschlossen werden, d. h. aber, daß eine Überwälzung von Gewinnsteuern nach den Voraussetzungen der Grenzanalyse nicht möglich erscheint[2]).

---

[1]) Eingehendere Analyse könnte zeigen, daß die Gesamtkostenkurve, selbst wenn man Gewinnsteuern als Kosten einkalkulieren würde, dann zwar im Punkte der bisherigen ökonomisch optimalen Ausbringungsmenge gehoben, nicht aber in ihrer Neigung verändert würde. Ist das aber der Fall, so bleiben die Grenzkosten (darstellbar an der Neigung der Gesamtkostenkurve) in diesem Punkte gleich. Daraus folgt das im Text Gesagte.

[2]) Zuweilen wird — unter Aufgabe der Annahme einer von den Unternehmern konsequent verfolgten Gewinnmaximierung — argumentiert, daß eine Überwälzung u. U. denkbar sei. Z. B. macht von Mering darauf aufmerksam, daß Monopole oder überhaupt große marktbeherr-

Allerdings vernachlässigt eine solche Analyse gewisse langfristige Bezüge. Es mag sein, daß infolge steuerlich bedingter geringerer Nettogewinne die Nettoinvestitionen sinken. Dann mag zu einem späteren Zeitpunkte das mengenmäßige Angebot an Endprodukten in geringerem Maße gewachsen sein als es bei leichterer Besteuerung und höheren laufenden Nettoinvestitionen der Fall gewesen wäre. Bei gegebener zukünftiger Nachfrage würden deshalb die Preise der Endprodukte sich auf einem höheren Niveau einspielen als im anderen Falle. M.a.W. es wäre die Aussage möglich, daß bei Zutreffen der angenommenen Voraussetzungen langfristig die in Rede stehenden Steuern leichter überwälzbar wären als kurzfristig. Aber die zukünftige Nachfrage ist nicht ohne weiteres als gegeben anzunehmen. Sie ist vielmehr — via Multiplikatoreffekt — auch von der Höhe der laufenden Investitionen abhängig. Deren Sinken würde eine gleichgerichtete Entwicklung der Nachfrage bedingen. Je größer die marginale Konsumquote, um so bedeutsamer wäre dieser Zusammenhang in seinen quantitativen Auswirkungen, um so weniger träten die angenommenen Preisentwicklungen, d. h. Überwälzungsvorgänge, auf. Übrigens, in welchem Umfange die Investitionen wegen der Gewinnsteuern sinken, ist eine Frage, deren Beantwortung von vielen anderen Faktoren (Konjunkturlage, dabei: Verhalten des Staates als Wirtschafter, Art der erhobenen Gewinnsteuern und Reaktion der Unternehmer auf diese Steuern) abhängt und erst nach weiterer Analyse zu bestimmen ist. Deshalb ist die langfristige Entwicklung grundsätzlich schwer zu beurteilen. Ihre Einbeziehung in die Argumentation bietet durchaus noch keinen schlüssigen Beweis für die Überwälzbarkeit der Gewinnsteuern.

d) Ein kreislauftheoretischer Lösungsversuch

Ein anderer Ansatz zur Lösung des Überwälzungsproblems, der die Kreislaufwirkungen einbezieht, welche durch die Wiederausgabe vermehrter Steuereinnahmen durch den Staat erfolgen mögen, ist von Carl Föhl (Finanzarchiv,

---

schende Unternehmungen vielfach nicht einen Preis fordern, der ihnen den maximalen Gewinn bringt, sondern einen „gerechten" Preis, der Kostendeckung und einen als angemessen empfundenen Gewinn sichert. Daraus mag gefolgert werden, daß Steuererhöhungen zu Preiserhöhungen führen müssen. Das erste ist Tatbestandsfrage. Zum zweiten ist zu sagen, daß ja auch Firmen mit der bezeichneten Verhaltensweise bei Preissteigerungen in der Regel mit Absatzrückgang zu rechnen haben. Kalkulieren sie diesen aber bei ihrer Preispolitik mit ein, so nähern sie sich wieder der im Text bezeichneten Verhaltensweise.

N.F., Bd. 14) versucht worden. Zwar hat Föhl in einem, die inzwischen erfolgte Kritik berücksichtigenden, zweiten Aufsatz (ebenda, Bd. 17) einige Änderungen vorgenommen, doch ist der erste äußerst anregende Versuch besser geeignet zur Diskussion der grundsätzlichen Problematik. Danach sind — vereinfacht dargestellt — wie alle anderen, so insbesondere auch Steuern auf Gewinne überwälzbar, und zwar unter den folgenden Voraussetzungen: Der Staat erhebt zusätzliche Gewinnsteuern, indem er z. B. ihre Progression verschärft. Die von der Steuer betroffenen Unternehmer aber schränken weder ihre Konsumtion noch ihre Investitionen ein. Der Staat gibt die erzielten Steuererträge in vollem Umfange wieder aus. Von den Empfängern der Ausgaben werden sie voll für den Kauf von Konsumgütern verwendet. Die gesamte Nachfrage nach Gütern und Diensten ist somit um den Betrag der zusätzlichen Gewinnsteuersumme gestiegen. Ein Mitwachsen des Angebots wird nicht angenommen. Dadurch entsteht ein Nachfrageüberschuß, so daß den Unternehmern via Preisprozeß Sondergewinne zugeschwemmt werden, die ihre Bruttogewinne (Gewinne vor Abzug der Gewinnsteuern) in genau dem gleichen Maße erhöhen, wie eine zusätzliche Gewinnbesteuerung ihnen Teile ihres Einkommens entzogen hat. M.a.W., jeder Versuch, im Sinne einer einkommensredistributiven Politik mit Hilfe verschärfter Gewinnsteuerprogression die Einkommenspyramide abzuflachen, würde fehlschlagen müssen.

Dazu ist zu bemerken: (1) Selbst wenn die Ergebnisse dieser Überlegungen als zutreffend angenommen werden dürften — vgl. dazu aber die nächsten Argumentationspunkte —, ist die Möglichkeit einer Einkommensredistribution damit nicht ausgeschlossen. Falls es sich im Einklang mit der Föhlschen Annahme in der Tat um progressive Steuern handelt, würden die ein höheres Einkommen beziehenden Unternehmer zwar einen höheren v.H.-Satz ihres Einkommens an den Fiskus abführen müssen als Unternehmer mit einem geringeren Einkommen, würden dagegen aber nur in gleicher Proportion Vorteile aus dem

Föhlschen Preis-Gewinn-Effekt erzielen. Somit wäre eine gewisse Einkommensredistribution innerhalb der Gruppe der Unternehmer durchaus als gegeben anzunehmen. Es zeigt sich somit, daß Föhl mit seiner Behauptung überhaupt nur die funktionelle, nicht aber die personelle Verteilung treffen kann. Diese zu egalisieren war aber durchaus zumindest auch Ziel der Verteidiger einer Redistribution mit Hilfe der progressiven Besteuerung, die nach Föhl einen aussichtslosen Kampf führen. Im übrigen: einkommensstarke Nichtunternehmer, z. B. Besitzer festverzinslicher Wertpapiere, würden von einer progressiven Einkommensteuer voll in redistributivem Sinne betroffen.

Dann aber ist (2) zu fragen, ob die Unternehmer in der Tat trotz verschärfter Besteuerung ihre Konsumausgaben und die Ausgaben für Investitionszwecke nicht einschränken und weiterhin, ob die Schichten, denen infolge zusätzlicher Staatsausgaben zusätzliche Einkommen zufließen, nicht sparen. All das ist zunächst unbewiesen. Neuere Konsumtheorie hat in soziologischer Neubesinnung den Blick darauf gerichtet, daß im Zuge wachsender Demokratisierung der Konsumtion die konsumtive Nachfrage unterer und mittlerer Einkommensschichten nicht als unabhängig von dem Aufwand der als Leitbild empfundenen Schichten höheren Konsumaufwandes angesehen werden darf. In dem Maße, wie die in vorliegender Analyse herausgestellten Unternehmer-Konsumenten infolge scharfer Besteuerung weniger konsumieren als vorher — und das anzunehmen ist nach den Ergebnissen ökonometrischer Analysen durchaus sinnvoll —, werden auch die anderen Schichten ihren Konsum weniger stark steigern als von Föhl einfach vorausgesetzt. Auch die Investitionen dürfen nicht als völlig von der Besteuerung unabhängig angenommen werden. Ohne zusätzliche Begründung ist daher die Föhlsche Annahme gleichbleibender Unternehmerausgaben und zusätzlicher Ausgaben der Nichtunternehmer in voller Höhe steuerfinanzierter Staatsausgaben nicht zu halten. Jedoch, selbst wenn das als zutreffend angenommen werden sollte und somit ein inflationärer Prozeß beginnen könnte, muß im Regelfalle vermutet werden, daß die geldpolitischen Instanzen geldmengenkontrahierend eingreifen, so daß die für diesen Prozeß notwendig anzunehmende kreditmäßige Finanzierung der Investitionen erschwert wird.

(3) Im übrigen hat Föhl offenbar nur den Nachfrage-, nicht aber den Kapazitätseffekt der Investitionen berücksichtigt. Nettoinvestitionen (u. U. sogar, vgl. bereits Mill, kluge Ersatzinvestitionen) erhöhen langfristig das Ausstoß-Einsatzverhältnis, und es sind Situationen denkbar, in denen ein zusätzliches Wachstum der Nachfrage gerade erforderlich sein mag, um einen steigenden Ausstoß an Gütern und Diensten aufzunehmen. Dann würde selbst ein Föhleffekt steigender Gesamtnachfrage nicht zu einer Preissteigerung und damit einer kreislauftheoretisch zu begründenden Überwälzung der Gewinnsteuern führen müssen.

Wenn so die von Föhl ursprünglich in die Diskussion gebrachten Argumente in vieler Hinsicht nicht standhalten, sind die von der preistheoretischen Annäherung an das Überwälzungsproblem gezogenen Schlußfolgerungen nicht als ad absurdum geführt anzusehen. Oder wie Jecht betont hat: Nunmehr kann an der These einer in der Regel und vielfach vollständig sich vollziehenden Abwälzung der Besteuerung des Unternehmergewinns im Rahmen der Einkommen- und Körperschaftsteuer nicht mehr festgehalten werden.

5. Steueramortisation

Zum Schluß noch ein Wort über die sog. Steueramortisation oder Steuertilgung: Wird ein ertragbringendes Objekt besteuert und ist die Überwälzung der Steuer nicht möglich, so sinkt der Reinertragswert dieses Objekts. Im Falle seines Verkaufs wird der Käufer bei ökonomisch-rationaler Verhaltensweise (d. h. wenn keine nichtwirtschaftlichen Präferenzen vorliegen wie z. B. im Falle des soziales Prestige gewährenden Grundeigentums) dementsprechend weniger zahlen. Er hat zwar zukünftig die laufenden Steuern zu begleichen, die Last bleibt jedoch dem Verkäufer aufgebürdet, der bei dem Verkauf den vorher eingetretenen Kapitalverlust tragen muß.

§ 10. Steuerwirkungen II: Beschäftigungswirkungen

1. Der Zusammenhang zwischen Steuerabwehr und Beschäftigungswirkungen

Die Theorie sollte den zwischen den Steuerwirkungen bestehenden Zusammenhang herausarbeiten. Insbesondere drängt sich die Frage auf, in welcher Weise die Aussagen der Überwälzungstheorie mit den beschäftigungstheoretischen Aussagen der Steuerwirkungslehre zusammenhängen. Wir wollen dabei von dem allgemeinsten Satz der steuerlichen Beschäftigungstheorie ausgehen: Steuern entziehen den Steuerschuldnern monetäre Mittel. Deswegen läßt die Erhöhung ihrer Sätze oder die Einführung neuer Steuern eine Senkung der Ausgaben der Betroffenen erwarten, eine Senkung der Sätze oder die Aufhebung von Steuern dagegen eine Erhöhung solcher Ausgaben. Da aber die Ausgaben der einen Einnahmen von anderen sind, ließe sich schließen, daß im ersten Falle den Einkommenskreislauf und damit die Beschäftigung kontrahierende, im zweiten dagegen dementsprechende expandierende Wirkungen zu erwarten sind[1]). Dieser Satz ist immerhin in den folgenden Punkten dieses § 10 noch zu qualifizieren. Es ist auch darauf hinzuweisen, daß die ausgabemäßige Verwendung

---

[1]) Modelltheoretisch könnte dabei, anknüpfend an die einfachen Darlegungen des ersten Bandes, Kap. III, § 2, 3 eine Theorie (negativer) Steuermultiplikatoren angeschlossen werden. Während dort, S. 90, die Konsumfunktion ohne Rücksicht auf die Besteuerung lautete: $C = a + bE + bT_r$, wäre nunmehr diese unter Berücksichtigung der Steuern zu vervollständigen in: $C = a + bE + bT_r - bT$, so daß die Bedingungsgleichung (3) sich wandelte in:

$$E = I + A_{st} + a + bT_r - bT$$ und Gleichung (4) in:

$$E = \frac{1}{1-b} I + \frac{1}{1-b} A_{st} + \frac{a}{1-b} + \frac{b}{1-b} T_r - \frac{b}{1-b} T$$

Der (negative) Steuermultiplikator würde dementsprechend sein: $-\frac{b}{1-b}$, d. h. die Erhöhung der Steuern um ΔT würde das Volkseinkommen um $\frac{b}{1-b} \Delta T$ senken. Doch ist dieser Satz noch im folgenden zu qualifizieren, nicht nur im Hinblick darauf, daß die konsumvermindernde Wirkung der einzelnen Steuern unterschiedlich ist, sondern auch in der Bedeutung, daß bei vorliegendem Modell die Möglichkeit, daß auch die Ausgaben für Investitionszwecke durch den Tatbestand der Besteuerung gemindert werden könnten, nicht berücksichtigt wird.

der eingenommenen Steuermittel durch die öffentliche Hand für die gesamten Beschäftigungswirkungen eine bedeutsame Rolle spielt, diese aber zunächst in gleicher Weise vernachlässigt werden soll, wie in Band I, Kap. III, § 2 die Steuerwirkungen im Zusammenhang mit der Lehre von den Beschäftigungswirkungen der öffentlichen Ausgaben. Jedoch wird die kombinierte Wirkung von Steuer- und Ausgabenwirkungen in Band IV behandelt.

Brücke zu der Zusammenschau von Überwälzungs- und Beschäftigungswirkungen sind die bei der Steuerüberwälzung eine zentrale Rolle spielenden Steuervermeidungswirkungen: Wir wissen bereits, daß die Überwälzungsfähigkeit einer neu eingeführten oder in ihren Sätzen erhöhten Steuer davon abhängt, in welchem Maße die direkt betroffenen oder indirekt berührten Marktpartner in der Lage sind, der Steuerbelastung durch bestimmte Reaktionen auszuweichen. Die dabei relevante Frage bezieht sich auf die relative Unterschiedlichkeit der Preiselastizitätskoeffizienten des Angebots und der Nachfrage. Je preiselastischer die Nachfrage, d. h. in je stärkerem Maße die Nachfrager in der Lage sind, ihre Käufe bei etwa höheren Preisen zu senken, um so geringer die endliche Preiserhöhung zu ihren Lasten; je preiselastischer das Angebot, d. h. in je stärkerem Maße die Anbieter bei steuerlich bedingten Senkungen der Nettoerlöse (Marktpreise abzüglich Steuer) das Angebot zu senken in der Lage sind, um so stärker die endliche Preiserhöhung oder: um so geringer der von den Anbietern zu tragende Steueranteil.

Die dabei für die Beschäftigungstheorie wesentlichen Bezüge liegen in der mit der Steuervermeidung verbundenen Umsatzminderung. Wenn die Vermeidungsmöglichkeit auf jeder der beiden Seiten des Marktes größer ist bei jeweils größeren Preiselastizitätskoeffizienten des Angebots oder der Nachfrage, so wird die Gesamtwirkung größer sein, wenn beide groß sind, kleiner dagegen, wenn beide klein sind. Geringere Umsätze bedeuten geringere Einnahmen der Anbieter, eine geringere Realmenge empfangener Güter und Dienste für die Nachfrager. Ohne weiteres erscheint letztere Aussage für die Beschäftigungstheorie relevant, als davon die Beschäftigung unmittelbar berührt wird. Auch die Aussage über fallende Einnahmen der Anbieter insofern, als deren eigene Nachfrage nach Gütern und Diensten davon betroffen wird.

Somit zeigt es sich, daß die Aussagen der steuerlichen Beschäftigungstheorie nicht von vornherein denen der Überwälzungstheorie widersprechen. Vermeidungsreaktionen sind für beide Fragestellungen wesentlich. Während jedoch die Überwälzungstheorie auf eine strukturelle Veränderung von Nachfrage, Produktion und damit der Verteilung der Lasten sieht, ist der Blick der Beschäftigungstheorie auf die Gesamtgrößen der Beschäftigung und der Einkommen gerichtet. Das schließt nicht eine Verfeinerung dadurch aus, daß die speziellen Wirkungen einzelner Steuern oder Steuergruppen berücksichtigt werden.

2. Konzeptionen steuerlicher Beschäftigungspolitik

Da die steuerliche Beschäftigungstheorie insbesondere im Zusammenhang mit der Theorie der Beschäftigungspolitik entwickelt worden ist, folgt hier zunächst ein Überblick der dementsprechenden, in ihren allgemeinen Bezügen bereits aus dem ersten Band bekannten fiskalpolitischen Konzeptionen, soweit hierbei die Steuerpolitik selbst zur Debatte steht:

a) Automatische antizyklische Politik

Im Sinne einer *automatisch* wirkenden *antizyklischen* Steuerpolitik sind vor allem die vom Committee for Economic Development (CED) in New York vorgetragenen Vorschläge zu verzeichnen. Die sog. Konjunkturempfindlichkeit der Steuern sollte nicht mehr wie im Verlauf einer Politik des auf jeden Fall jährlich auszugleichenden Staatshaushalts — durch Hebung der Steuersätze in der Depression, bei gewisser Neigung zu ihrer Senkung in der Prosperität — bekämpft werden. Denn das würde eine

Verschärfung der Konjunkturschwankungen mit sich bringen, die als „fiscal perversity“, im deutschen Sprachraum jetzt als „Parallelpolitik“, negativ beurteilt wird. Vielmehr sollte der gegebene Tatbestand bewußt genutzt, u. U. sogar durch eine entsprechende Gestaltung des Steuersystems noch verstärkt werden, um so, ohne daß die Steuersätze von Fall zu Fall verändert werden müssen, eine sog. „automatische“ Stabilisierungswirkung zu erreichen (die im übrigen durch eine im gleichen Sinne wirkende Ausgaben- sowie Geld- und Kreditpolitik unterstützt werden sollte). Solche Gedanken, auf deutsche Verhältnisse angewandt und insbesondere im Hinblick auf gewisse institutionelle Probleme ausgebaut, sind jetzt auch im Gutachten der beiden Wissenschaftlichen Beiräte beim Bundeswirtschaftsministerium und beim Bundesfinanzministerium zum Thema: Instrumente der Konjunkturpolitik und ihre rechtliche Institutionalisierung vom 3. Juni 1956 und 8. Juli 1956 zu finden, das hier im Auszug wiedergegeben wird[1]):

„38. Steuersysteme und Haushaltsgebaren sind daraufhin zu untersuchen, welche Elemente in ihnen enthalten sind, die zu einer Verschärfung der Konjunkturschwankungen beitragen können, und welche Reformen in Aussicht zu nehmen sind, um diese Wirkungen auszuschalten oder doch abzuschwächen.

39. Sogenannte krisenfeste Steuern, d. h. Steuern, deren Ertrag in guten und schlechten Jahren annähernd gleich zu bleiben pflegt (kopfsteuerartige und vermögensabhängige Steuern, Verbrauchsteuern auf unelastischen Bedarf), verschärfen den konjunkturellen Niedergang und bremsen nicht den Hochschwung.

40. Für eine auf stetiges Wirtschaftswachstum ausgerichtete Finanzpolitik bedarf es einer Gestaltung des Steuersystems, die zumindest eine gleichlaufende Bewegung von Einnahmen und Konjunktur bewirkt. Das Steuersystem muß soweit wie möglich Steuerarten umfassen, die nach Objekt und Bemessungsgrundlagen in ihren Erträgen sich weitgehend automatisch an die Wirtschaftsentwicklung anpassen, d. h. im Wirtschaftsaufschwung

---

[1]) Der Wissenschaftliche Beirat beim Bundeswirtschaftsministerium 4. Band, Gutachten vom Januar 1955 bis Dezember 1956, Göttingen 1957, S. 34 ff., speziell S. 46 f. Bezüglich der Ausgabenpolitik der öffentlichen Hand vgl. Bd. I, Kap. III, § 2, 6a.

ohne Tarifänderungen steigende, in der Depression (ebenfalls ohne Tarifänderungen) sinkende Erträge und Belastungen bewirken; durch die Anwendung bestimmter besteuerungstechnischer Verfahren muß die Konjunkturempfindlichkeit dafür geeigneter Steuern noch verstärkt werden. In beiden Fällen ist zu beachten, daß jeweils neben dem Ausmaß auch das Tempo der Reaktionen des Steueraufkommens für die Konjunkturpolitik von Bedeutung ist.

41. Das Ausmaß der Reaktion ist bei der Einkommensteuer, der Körperschaft- und der Gewerbeertragsteuer am größten; allgemeine Umsatzsteuern und Sozialversicherungsbeiträge sind ebenfalls relativ stark konjunkturempfindlich.

Was das Tempo der Reaktionen anbetrifft, so ist offensichtlich die erwünschte Promptheit der konjunkturellen Variation von Steuererträgen um so eher zu erwarten, je schneller die steuerpflichtigen Tatbestände auf Konjunkturschwankungen reagieren und je kleiner der zeitliche Abstand zwischen der Entstehung der steuerpflichtigen Tatbestände und der Steuerzahlung ist. In dieser Hinsicht ist zu sagen, daß gegenwärtig die Schnelligkeit der Reaktion bei der Lohnsteuer, der Umsatzsteuer und den Sozialversicherungsbeiträgen am größten ist, während bei veranlagter Einkommen-, Körperschaft- und Gewerbeertragsteuer die heutige Erhebungsweise nicht genügt, um die konjunkturpolitischen Möglichkeiten dieser Steuern hinlänglich schnell zur Wirkung zu bringen.

42. Es wird daher vorgeschlagen, auch für die genannten Steuern, sei es durch Einführung des Systems der sogenannten Selbstveranlagung mit nachfolgender Kontrolle, sei es durch eine raschere und stärkere Anpassung der Vorauszahlungen an die zwischenzeitlich erfolgten Veränderungen der Gewinnlage, ihre konjunkturelle Reaktionsgeschwindigkeit zu beschleunigen."

b) Gesteuerte antizyklische Politik

Die in diesem Gutachten bei aller Neigung zu einer möglichst liberalen Konzeption, die ein von Fall zu Fall-Intervenieren vermeiden möchte, doch anklingenden Bedenken bezüglich der Wirkungsfähigkeit „automatischer" Lösungen haben bereits früher zu weitergehenden Vorschlägen in Richtung auf eine *gesteuerte* antizyklische Steuerpolitik geführt, die vor allem in A. H. Hansen ihren Vertreter gefunden hat. Diese zielen auf eine Änderung der Steuersätze im Konjunkturverlauf, die wirkungsvoller wären und vor allem: rechtzeitig einsetzen könnten. Rechtzeitig soll heißen, daß die Steuersätze vor Eintreten der Überkonjunktur erhöht und bei den ersten Anzeichen einer Rezession gesenkt werden. Dabei hat Hansen an solche Steuern und Quasisteuern gedacht, von denen eine Drosselung der Konsumtion erwartet wird, wie Verkaufssteuern (sales tax), Arbeitnehmerbeiträge zur Sozialversicherung und die „basic income-tax rate", die die unterste Schicht (bracket) des steuerpflichtigen Einkommens belastet. Es handelt sich also um den Vorschlag zyklisch zu variierender indirekter und direkter Belastungen der Masseneinkommen, nicht dagegen der höheren Einkommen aus Geschäftsgewinnen, denn die Grenzsteuersätze würden durch eine Änderung der „basic rate" nicht und ihre Durchschnittssätze nur in geringem Maße verändert. Die Körperschaftsteuer sollte nicht variiert werden. Hansen hat in seinem Buch „Economic Policy and Full Employment" (S. 142) ausdrücklich bemerkt: „Stability with respect to business taxes is important". Das ist gegenüber einer teilweise unbegründeten Kritik, auch in Deutschland, zu betonen.

c) Langfristige Politik

Im Zusammenhang mit dem als möglich befürchteten Fall einer *langfristigen* Depression ist von Hansen im Anschluß an Keynes auf die denkbare beschäftigungspolitische Nutzung einer redistributiven Steuerpolitik (Verschärfung der Progression der Einkommensteuer in Verbindung mit einer Senkung der den Massenkonsum vorzüglich belastenden Steuern, im übrigen zu ergänzen durch Erhöhungen der sozialen Transferzahlungen) zwecks Hebung der volkswirtschaftlichen Konsumtion hingewiesen worden. Die dem entgegengesetzte Steuerpolitik im Falle einer (aus welchen Gründen auch immer hervorgerufenen) langfristig andauernden Übernachfrage wurde ebenfalls schon (Band I, Kap. II. 3c) erwähnt.

3. Wirkungen einzelner Steuern

Aus Vorstehendem geht bereits hervor, daß es ein Fehler wäre anzunehmen, daß die steuerliche Beschäftigungstheorie sich allein — wie gelegentlich geäußert wurde — mit einem globalen Ansatz bezüglich der steuerlich bedingten Einkommens- und Beschäftigungswirkungen begnügt hat. Vielmehr wird sehr früh das Bestreben deutlich, die besonderen Wirkungen der Einzelsteuern, zumindest einzelner Steuergruppen, unterscheidend in Rechnung zu stellen. So, wenn Verbrauchsteuern und die Einkommensbesteuerung der unteren Einkommensschichten, z. B. durch Lohnsteuern, als vorzüglich die Konsumausgaben, Steuern auf höhere Einkommen dagegen die Ersparnis drosselnd angenommen werden (zur Frage der Investition vgl. nächsten Abschnitt). Erstere Aussage: weil Verbrauchsteuern via Vermeidungseffekt infolge erhöhter Preise den realen Konsum, Einkommensteuern bezeichneter Art die zur Verfügung stehenden Geldmittel gerade der in ihrer Verbrauchsfähigkeit besonders stark vom Einkommen abhängigen Schichten (sie weisen eine hohe marginale Konsumquote auf) kürzen. Die andere dagegen: weil die Steuern auf hohe Einkommen Schichten belasten, deren marginale Konsumquote klein ist, so daß bei einer Verkürzung ihrer verfügbaren Einkommen nur in geringerem Ausmaß der Verbrauch, zum größeren Teil dagegen der nicht konsumierte Teil, d. h. die Ersparnis, sinkt.

Solche Aussagen liegen der fiskalpolitischen Theorie Hansens und anderer zugrunde, sind auch Grundlage der fiskalpolitischen Modelle Nicholas Kaldor's, die noch in Band IV eine Würdigung erfahren sollen. Jüngst hat Woldemar Koch (Steuerpolitik, in: Handwörterbuch der Sozialwissenschaften) die Lehre von den Beschäftigungswirkungen einzelner Steuerarten (Einkommensteuern, Gewinnsteuern; Umsatz- und Verbrauchsteuern; Steuern vom persönlichen Vermögen) zusammenfassend dargestellt. Der für unsere Betrachtungen relevante, d. h. aber auch weithin mit den Annahmen Hansens u. a. übereinstimmende Schluß ist, daß — es werden alternativ die Chancen einer stabilisierenden Kreditpolitik diskutiert — „spezifische konjunkturelle Chancen" der „Steuerpolitik über die Abgaben der breiten Schichten der Bevölkerung" gegeben seien: „durch deren Milderung in Zeiten der Kontraktion, durch deren Verschärfung in Zeiten der Expansion". „Die Manipulation der Abgaben, deren Destinatar Besitz, Gewinn und höhere Einkommen sind, ist vielleicht leichter durchsetzbar, aber konjunkturpolitisch schwerer zu begründen. Was sie nämlich zu bewirken vermag, läßt sich im Prinzip auch über die Kreditpolitik erreichen".

4. Wirkungen auf die Investitionen

Ein spezielles Problem bildet der Einfluß der Besteuerung auf die Ausgaben für Investitionszwecke. Darauf ist die Fiskaltheorie notwendigerweise gestoßen, wenn die Nebenfolgen einer Beschäftigungspolitik, die sich zwecks Anhebung der Konsumgüternachfrage einer redistributiven Steuerpolitik bedienen wollte, diskutiert wurden. Würde durch die Erhöhung der Steuersätze für die höheren, vorzüglich Gewinneinkommen, nicht etwa die Neigung, Investitionen durchzuführen, abnehmen? Davon ist bereits in Band I, Kap. II, § 8, 4b gesprochen worden. Die Frage als solche ist alt und spielte, auch ganz allgemein gefaßt, als Argument gegen eine scharfe direkte Besteuerung eine Rolle. Durch neuere Untersuchungen ist allerdings eine gewisse Skepsis bezüglich der Durchschlagskraft solcher Argumente aufgetreten. So weist Horst Recktenwald (Steuerwirkungen, in: Handwörterbuch der Sozialwissenschaften) bei aller Anerkennung des Problems darauf hin, daß „neben dem Gewinnerwartungsmotiv ... das Streben nach immateriellen Werten (Macht, Sicherung des Unternehmens, soziale Geltung, Selbstachtung) eine mitentscheidende Rolle für die unternehmerische Investitionsbereitschaft (spielt), so daß selbst eine kräftige steuerliche Abschöpfung des Ertrages den Investitionsanreiz ... nur begrenzt mindert". Auch der durch Joseph A. Schumpeter (Kapitalismus, Sozialismus, Demokratie, 1942) analysierte Wesenswandel der Träger der Unternehmerfunktion mag dabei einzubeziehen sein. Es könnte hieran die Frage angeknüpft werden, in welchem Maße der Manager unserer Tage sich in seiner Geschäfts-, einschließlich der Investitionspolitik eher am Brutto- als am Nettoerfolg ausrichten mag. Infolge einer durch scharfe Besteuerung etwa erschwerten Eigenfinanzierung mag allerdings das gestellte Problem einer geminderten Investitionstätigkeit insofern wieder auftauchen, als nunmehr für Zwecke der Investition in stärkerem Maße Finanzmittel von außen aufgenommen werden müssen. Die Diskussion ist hier nicht weiter auszubreiten, ist auch bezüglich der Verfügbarkeit von Mitteln auf den Geld- und Kapitalmärkten in starkem Maße von der Staatsausgabenpolitik und ihrer Finanzierung abhängig (vgl. dazu Band IV).

Bei einer Durchsicht der fiskalpolitischen Literatur wird auf alle Fälle deutlich, daß das Problem der durch eine scharfe Besteuerung der Gewinne möglicherweise schwindenden Investitionsanreize sehr früh zu Überlegungen geführt hat, wie diesem so etwa begründeten „Ermüden" durch geeignete Reformen der Gewinnbesteuerung entgegenzutreten möglich wäre. Es käme darauf an, Steuerformen zu finden, die, wenngleich scharf zupackend gestaltet, dennoch nicht die Anreize zur Investition schwächen, sondern sie belassen, ja nach Möglichkeit sogar noch fördern würden.

Neben den oben bei den Vermeidungswirkungen (§ 9, 3b) angeführten praktischen Beispielen konjunkturfördernder Investitionsanreize seien hier einige in diesem Sinne konsequente Vorschläge beispielhaft erwähnt. So der von M. Kalecki in einer vom Statistischen Institut der Universität Oxford herausgegebenen Studie gebrachte (und ähnlich von A. H. Hansen und H. S. Perloff diskutierte) Vorschlag einer Einkommensteuer vom Bruttoeinkommen (hier: vor Abzug der Abschreibungen), bei der alle Investitionen in fixem Kapital, sowohl Erweiterungs- als auch Ersatzinvestitionen, voll abzugfähig sind. Eine solche Steuer würde zwar die verbleibenden Gewinne mindern, die von Neuinvestitionen erwartet werden, gleichzeitig aber auch die Investitionskosten wegen der Steuerersparnis senken, so daß, auch bei hohen Steuersätzen, der Anreiz bliebe, Investitionen durchzuführen. Der eine gewisse Zeit lang so von L. R. Klein (Keynesian Revolution, 1947) diskutierte Vorschlag, zurückgehaltene Gewinne, die nicht investiert werden, zusätzlich zu besteuern, ist in diesem Zusammenhang ebenfalls von Interesse. Gemäß anderen Reformvorschlägen soll das Unternehmen risikoreicher Investitionen dadurch erleichtert werden, daß die Möglichkeit, Verluste vorzutragen (carry-over), zeitlich erweitert oder das durchschnittliche Einkommen einer längeren Periode der Besteuerung zugrunde gelegt wird.

In der Steuerpolitik der Bundesrepublik Deutschland haben steuerpolitische Präferenzen zwecks Förderung der Investitionen, auch spezieller Investitionsvorhaben im Sinne einer strukturellen Wirtschaftspolitik in der Zeit des Aufbaus nach dem letzten Kriege, z. T. bis heute, eine ganz besondere Rolle gespielt.

§ 11. Steuerwirkungen III: Verteilungswirkungen

Hier sind mehrere Stufen der Fragestellung zu unterscheiden:

1. Steueranstoß

Zunächst geht es um die Frage nach dem Steueranstoß oder nach der primären Verteilungswirkung. Wo setzt die Besteuerung an, wer hat die Steuern zu zahlen, wer muß — unbeschadet etwa folgender Entlastungsprozesse — die erste Wirkung abfangen? Das spielt in den Kämpfen um die Steuergesetzgebung in der Regel eine wesentliche Rolle. Durch die Wahl des Steuerobjekts wird in gewisser Weise bereits eine Vorentscheidung über die Steuerzahlungsschuldner getroffen, zumindest aber wird ihr möglicher Kreis eingegrenzt: Eine Alkoholsteuer z. B. kann entweder die Kette der Produzenten und Anbieter oder die Konsumenten von Alkohol treffen, nicht aber Anbieter oder Nachfrager von Butter. Im näheren ist jedoch der Zahlungsschuldner durch das Gesetz zu bestimmen. Neben dem Objekt sind Tarifgestaltungen sowie etwa gewährte Freibeträge, Freigrenzen und sonstige Begünstigungen (oder Erschwerungen), d. h. Manipulationen der Bemessungsgrundlage zugunsten (oder zulasten) der Steuersubjekte, Gegenstand von Steuerkämpfen. Zwar sind auch die dem Anstoß etwa folgenden Prozesse, z. B. die Steuerüberwälzung, durchaus Motiv für die positive oder negative Einstellung gegenüber bestimmten Steuern gewesen, doch dürfen solche Bezüge nicht überbewertet werden. Solange die der Einführung einer neuen oder Änderung einer bestehenden Steuer etwa folgenden Überwälzungsvorgänge nicht eindeutig bestimmbar sind, ist es für den Interessenten wichtiger, nicht Zahlungsschuldner zu sein, als einer Steuer zuzustimmen, deren Überwälzung zwar als möglich zu denken, aber nicht gewiß ist. Es mag auch aus „optischen" Gründen solche Überwälzung gar nicht erwünscht erscheinen: Preiserhöhungen, nur um Steuern abzuwälzen, sind kein an sich lohnendes Wirtschaftsziel, mögen andererseits aber die „Ruhe" stören.

2. Formale Inzidenz

Unbeschadet dessen ist mit der Anstoßwirkung über die endliche Lastenverteilung und damit über die Verteilungswirkungen der Besteuerung noch nicht entschieden. Es kommt vielmehr darauf an, wie sich die Last auf die verschiedenen Einkommensschichten, funktional oder personell[1]) gegliedert, verteilt. In der neueren Finanztheorie wird dabei zwischen formaler und effektiver Inzidenz unterschieden. Zunächst zur formalen: Hier wird die Lösung der Zurechnungsfrage durch ein einfaches statistisches Konzept angenähert, indem ex post zu klären versucht wird, wie sich die Steuerlast auf die verschiedenen, der Gliederung jeweils unterlegten Einkommensgruppen verteilt hat:

---

1) Die *funktionale* Einkommensverteilung gliedert nach den Quellen des Einkommens, z. B. in Arbeitseinkommen und Besitzeinkommen, während in der *personellen* Einkommensverteilung das Einkommen einer Person oder Personengruppe, aus welchen Quellen auch immer fließend, betrachtet und z. B. statistisch nach der Einkommenshöhe gegliedert wird.

direkt durch Einkommen-, Vermögen- und solche Aufwandsteuern, die von den Haushalten zu zahlen sind, indirekt indem von ihnen Güter und Leistungen gekauft werden, in deren Preisen Steuerbestandteile enthalten sind. Die Frage, wie sich infolge der Besteuerung die Einkommen selbst etwa geändert haben mögen, wird weder gestellt noch beantwortet. Ihre Beantwortung würde den Vergleich zumindest zweier Perioden mit und ohne Erhebung (oder Satzveränderung) der ob ihrer Einkommenswirkung untersuchten Steuern erfordern, im übrigen die Isolierung eines ganzen Kranzes anderer etwa gleichzeitig auf die Einkommensverteilung einwirkender Faktoren einschließen müssen.

Vorliegender Lösungsversuch kann dagegen nur feststellen, wie bei gegebener Einkommensverteilung, die sich infolge aller gegebenen Umstände, einschließlich gegebener Besteuerung, ausgebildet hat, die Steuerlast unter Berücksichtigung gezahlter direkter Steuern und des Kaufs steuerbelasteter Güter und Dienste auf die der Gliederung unterlegten Einkommensschichten verteilt hat. Selbst diese Feststellung ist oft erschwert. So hat Jecht nach umfangreicher Forschung in einem vielbeachteten Vortrag vor dem Verein für Socialpolitik in Köln 1956 dargelegt, daß für die Bundesrepublik eine Aufgliederung des Steueraufkommens nach den verschiedenen Einkommensschichten bei dem vorhandenen statistischen Material nicht durchzuführen war. Er hat aber versucht, eine „grobe Schätzung" durchzuführen, die das Durchschnittseinkommen der Bezieher von Selbständigen- und Unselbständigeneinkommen und ihre durchschnittliche steuerliche Belastung zum Objekt hat (es handelt sich also um den Versuch einer Redistributionsrechnung auf der Grundlage funktioneller Einkommensverteilung). Danach hätte die breite Schicht der Masseneinkommen (einschl. der Transfereinkommen) im Jahre 1950 mit etwa einem Viertel, die ebenfalls noch recht umfangreiche Schicht der Selbständigen mit etwas mehr als einem Drittel ihres Einkommens zu den öffentlichen Ausgaben beigetragen. „Die relativ geringe Progression, die in diesen Ziffern zum Ausdruck kommt, ist eine Folge der Regressionswirkung der Umsatz- und Verbrauchsbesteuerung. Dabei darf jedoch nicht übersehen werden, daß es sich bei der Steuerbelastung der Selbständigen von einem Drittel um einen Durchschnittssatz handelt und daß die höheren Einkommen allein auf Grund der Einkommensteuerprogression viel stärker besteuert waren. Belief sich doch die Effektivbelastung der durch die Lohn- und Einkommensteuer erfaßten Einkommen im gleichen Jahre 1950 bei der Einkommensgruppe 8 — 12 000 DM auf 15,6 %, bei der Einkommensgruppe von 25—50 000 DM auf 34,3 % und bei den Einkommen über 100 000 DM auf 52 %. Gewiß ist bei diesen Ziffern zu berücksichtigen, daß Einkommen im steuerrechtlichen Sinne nicht mit ökonomischem Einkommen identisch ist, und daß zumindest bei den veranlagten Steuerpflichtigen die tatsächliche Einkommensteuerbelastung unter der in der Steuerstatistik errechneten gelegen hat. Aber diese Abweichungen sind keinesfalls so beträchtlich, daß dadurch die progressive Abstufung der Steuerbelastung und die durch sie bewirkte Einkommensredistribution aufgehoben würde."

Für England hat U. K. Hicks in Anlehnung an T. Barna für das Jahr 1937 Rechnungen durchgeführt, die die Redistributionswirkungen des englischen Steuersystems deutlich machen. Sie gliedert (vgl. Tabelle IV) nach Einkommen- und Kapitalsteuern einerseits, Ausgabensteuern andererseits.

Es zeigt sich deutlich die unterschiedliche Bedeutung der direkten (Einkommen- und Kapital-)Steuern und der indirekten (Ausgaben-)Steuern für die Einkommensredistribution, hier auf der Grundlage personeller Einkommensverteilung. Erstere haben stark progressiv, letztere dagegen regressiv gewirkt. Während die unterste der angeführten Einkommensschichten mit einem Durchschnittssatz von 2,6 v. H. ihres Einkommens zu den direkten Steuern herangezogen wurde, war die höchste Klasse mit einem Durchschnittssatz von 67,4 v. H. belastet. Umgekehrt aber hat erstere 17,8 v. H., die zweite dagegen nur 3,9 v. H. vom

Tabelle IV
Redistributionswirkungen der Besteuerung in Großbritannien, 1937

Einkommensklasse	Zahl der Personen i. d. Einkommensklasse (in Tausend)	Gesamte Einkommen innerhalb der Einkommensklasse (in Mill. £)	Steuererträge (in Mill. £)		
			Einkommen- und Kapitalsteuern	Ausgabensteuern	Gesamt
Unter 125 £	21 800	1 176	30,6	209,4	240,0
125 £ bis unter 250 £	18 750	1 290	37,3	208,8	246,1
250 £ „ „ 500 £	4 816	646	31,3	100,3	131,6
500 £ „ „ 1 000 £	1 209	351	49,3	47,4	96,7
1 000 £ „ „ 2 000 £	451	277	61,4	28,4	89,8
2 000 £ „ „ 10 000 £	258	447	161,8	31,8	193,6
10 000 £ und darüber	22	223	150,2	8,6	158,8

Quelle: Auszug aus U. K. Hicks, Public Finance, Tabelle IX.

Einkommen für indirekte Steuern hergegeben. Ingsgesamt schlägt jedoch die Progressionswirkung durch, die unterste Schicht ist mit 20,4 v. H., die oberste dagegen mit 71,2 v. H. des Einkommens steuerlich belastet worden.

Die stark redistributive Wirkung des englischen Steuer-Systems wird auch von Jecht herausgestellt (für das Jahr 1947). Weiteres Anschauungsmaterial für die vorliegende Fragestellung bietet die von A. T. Peacock herausgegebene Sammlung von Studien (Income Redistribution and Social Policy, Neudruck 1958), insbesondere die Arbeit von Conrad, Redistribution through Government Budgets in the United States, 1950.

3. Effektive Inzidenz

Während bei den vorstehenden Überlegungen lediglich die Belastung zur Debatte stand, die sich durch die Besteuerung auf der Grundlage einer vorgegebenen Einkommens- und auch Ausgabenverteilung statistisch ex post ermitteln läßt, geht die Frage nach der effektiven Inzidenz insofern weiter, als nunmehr auch zur Debatte gestellt wird, wie sich diese Verhältnisse selbst durch die Besteuerung ändern. Die Beantwortung dieser Frage setzt eine Klärung der Überwälzungs- und Vermeidungsproblematik voraus in dem Sinne, daß die ökonomisch relevanten Reaktionen der durch die Einführung einer neuen Steuer oder durch die Veränderung der Tarife bestehender Steuern Betroffenen in Rechnung gestellt werden. Dazu müßte es möglich sein, numerische Vergleiche durchzuführen, in denen die Einkommens- und Ausgabenverteilung vor und nach der Steueränderung deutlich wird, unter Berücksichtigung auch der Wirkungen auf die Konsumgüterpreise, die bei einer Erhöhung den Realwert der Konsumenteneinkommen senken. Da es sich dabei um den Vergleich zweier verschiedener Situationen handelt, deren eine (falls nicht eine Experimentalsituation gegeben ist) hypothetischen Charakter trägt, erfordert die Lösung der gestellten Frage vor allem theoretische Überlegungen, unter Berücksichtigung einer ganzen Reihe von Rahmenbedingungen.

Diese Stufe der steuerlichen Redistributionstheorie verlangt insbesondere einen weiteren Ausbau und ist nach Möglichkeit durch ökonometrische Forschungen zu unterstützen.

Zu den Rahmenbedingungen gehört insbesondere auch die konjunkturelle Lage. Soweit staatliche Konjunkturpolitik sich finanzpolitischer Instrumente bedient (oder allgemeiner: Soweit von der Finanzpolitik konjunkturbeeinflussende Wirkungen ausgehen), sind die damit etwa verbundenen Redistributionswirkungen ebenfalls in Rechnung zu stellen. Eine solche Beeinflussung kann „*passiv*" erfolgen, d. h. als Nebenfolge auftreten, ohne daß eine Redistribution zielmäßig verfolgt wird; vgl. dazu das im ersten Band bei der Behandlung der finanzpolitischen Zielsetzungen und der beschäftigungsmäßigen Wirkungen der Staatsausgaben Gesagte. Das bedeutet in vorliegendem Zusammenhang: Wenn angenommen werden darf, daß durch eine bestimmte Steuerpolitik die gesamte Nachfrage beeinflußt wird, mag davon eine spezifische Wirkung auf die Einkommensverteilung im Sinne effektiver Inzidenz ausgehen. Bei einer steuerpolitisch (zumindest mit-)bedingten Erhöhung der gesamten Nachfrage wächst, auch bei gleichen Preisen, Lohn- und Gewinnsätzen, die Einkommenssumme der in der Produktion Tätigen, der Unternehmer und Empfänger von Arbeitnehmereinkommen, infolge wachsender Umsätze, während die Bezieher fester Einkommen, z. B. Rentner, daraus keinen unmittelbaren Vorteil ziehen. M. a. W., die Einkommensverteilung verändert sich relativ zugunsten der Empfänger von aus der Produktion fließenden Einkommen. Dann aber sind die möglichen Preiswirkungen zu berücksichtigen. Steigende Preise erhöhen zusätzlich zur Umsatzwirkung die Gewinne der Unternehmer pro Umsatzeinheit. Man mag sie als Scheingewinne bezeichnen, die durch Kostenerhöhungen ausgeglichen werden. Folgen diese jedoch mit zeitlichem Abstand, ergibt sich soweit ein bleibender Gewinn. Werden die Produktionsmittel unter Inanspruchnahme von Krediten gekauft und die Kredite später mit entwertetem Gelde zurückgezahlt, so ebenfalls. — Dann mögen, eventuell mit zeitlichem Abstand, die Lohn- und Gehaltssätze der Arbeitnehmer folgen. Auch das bringt eine relative Verbesserung gegenüber den Beziehern fester Einkommen, eine reale Verbesserung jedoch nur insoweit, als die Lebenshaltungskosten nicht in gleichem Maße wie die Lohn- und Gehaltssätze steigen. Die Bezieher fester Einkommen, z. B. Rentner, verlieren, wie wir sahen, relativ in jedem Falle. — All dies gilt grundsätzlich vice versa bei einer kontraktiv auf die gesamte Nachfrage wirkenden Steuerpolitik, allerdings völlig symmetrisch nur dann, wenn eine genügende Flexibilität der Preise auch nach unten angenommen werden darf.

Von dem *„aktiven"* Einsatz steuerlicher Redistributionspolitik zwecks Hebung der effektiven Nachfrage nach Konsumgütern und damit der Beschäftigung wurde bereits oben (§ 10, 2c) gesprochen. Aber auch hier ist zu beachten, daß von der Beschäftigungssteigerung weitere Wirkungen ausgehen. So mag, obgleich die Nachfragesteigerung durch eine egalisierende Einkommensredistribution erreicht wurde, der Fall eintreten, daß im Endeffekt die Bezieher von Einkommen aus der Produktion, vor allem aus Unternehmertätigkeit, gewinnen, eben weil die Nachfrage und dadurch u. U. die Preise, deren Erhöhung der Unternehmerkette Vorteile bringt, gestiegen sind (zu den anderen Einkommenskategorien vgl. das unter „passivem" Einsatz der Steuerpolitik Gesagte). Das gilt zunächst im Hinblick auf die Bruttoeinkommen (Einkommen vor der Besteuerung). Wieweit dadurch die ursprüngliche redistributive Wirkung auf die Nettoeinkommen (Einkommen nach der Besteuerung) ausgeglichen wird, ist eine Sonderfrage; zumindest mag aber durch diese Kreislaufwirkung ein gewisser Ausgleich gegenüber der ursprünglichen Redistributionswirkung erfolgen.

So ist das Ganze ein sehr verfältelter Komplex von Zusammenhängen, der möglicherweise Resultate erbringt, die von den Zielsetzungen der Tagespolitik durchaus abweichen und zu dessen Klärung noch viel zu tun ist, um ihn derart genügend aufzuhellen, daß er als gesicherter Leitpunkt für politische Maßnahmen im Sinne der im ersten Band gestellten möglichen Zielsetzungen gelten kann.

Literaturhinweise

Für Kap. IV

Amonn, A., „Privatwirtschaftliche Einnahmen", in: Handbuch der Finanzwissenschaft, 1. Aufl., 1. Bd., Teil III, Tübingen 1926

Der Bund als Unternehmer; Bericht über die Entwicklung des vom Bundesministerium für wirtschaftlichen Besitz des Bundes verwalteten industriellen Bundesvermögens in der Zeit vom 1. April 1957 bis 31. März 1958. Hrsg. vom Bundesministerium für wirtschaftlichen Besitz des Bundes, Bad Godesberg 1958

Duhmer, W., Das öffentliche Vermögen (Schriftenreihe des Instituts „Finanzen und Steuern", Heft 35), Bonn 1955

Engländer, O., „Öffentliche Unternehmungen", in: Handbuch der Finanzwissenschaft, 1. Aufl., 1. Bd., Teil III, Tübingen 1926

v. Eynern, G., „Das öffentlich gebundene Unternehmen", in: Archiv für öffentliche und frei gemeinwirtschaftliche Unternehmen, Bd. IV, Göttingen 1958

Groves, H. M., Financing Government, 3. Aufl., New York 1951

Haussmann, F., Die öffentliche Hand in der Wirtschaft, München-Berlin 1954

Heidermann, H. und Schieb, B., Das Problem des Kapitaldienstes für Kapital der öffentlichen Hand (Schriften der Forschungsstätte für öffentliche Unternehmen Köln, 2. Bd.), Göttingen 1959

Hicks, U., Public Finance, 2. Aufl., London 1955

Johns, R., „Öffentliche Betriebe", in: Handwörterbuch der Sozialwissenschaften, Bd. II, Stuttgart Tübingen, Göttingen 1959

Keller, Th., „Die Eigenwirtschaft öffentlicher Gemeinwesen", in: Handbuch der Finanzwissenschaft, 2. Aufl., 2. Bd., Teil VI, Tübingen 1956

Marco, A. de Viti de, Grundlehren der Finanzwirtschaft, Tübingen 1932

Mellerowicz, K., Allgemeine Betriebswirtschaftslehre, 10. Aufl., 1. Bd., Berlin 1958

Moderne Organisationsformen der öffentlichen Unternehmung (Schriften des Vereins für Sozialpolitik, 176. Bd., 1. Teil), hrsg. von J. Landmann, mit Beiträgen von E. Heimann, H. Ritschl, M. Lohmann, H. Hoffmann, Paul, S. Ermer, F. Terhalle, K. Bloch, München-Leipzig 1932

Ritschl, H., „Finanzwissenschaft", in: Handwörterbuch der Betriebswirtschaft, 3. Aufl., Bd. II, Stuttgart 1958

Schnettler, A., Öffentliche Betriebe, Essen 1956

Studenski, P., Chapters in Public Finance, New York 1933

Terhalle, F., Finanzwissenschaft, Jena 1930

Terhalle, F., Die Finanzwirtschaft des Staates und der Gemeinden, Berlin 1948

Gemeinsame wirtschaftliche Grundregeln in privater Wirtschaft und öffentlicher Vewaltung. Studien der Forschungsgesellschaft für Staats- und Kommunalwirtschaft e. V., Frankfurt a. M., Bd. 2, Göttingen 1958

Gemeinwirtschaftliche Unternehmen in der Bundesrepublik Deutschland. Ihre Bedeutung in den einzelnen Wirtschaftszweigen. Bericht für den III. Internationalen Kongreß der Gemeinwirtschaft der Forschungsstätte für öffentliche Unternehmen e. V., Köln 1957

Die öffentlichen Unternehmen in der Bundesrepublik und in Berlin. Eine vorläufige Übersicht. Zusammengestellt von der Gesellschaft für öffentliche Wirtschaft e. V., Berlin-Köln 1957

Für Kap. V

Büchner, R., „Beiträge", in: Handbuch der Finanzwissenschaft, 2. Aufl., 2. Bd., Teil VII, Tübingen 1956

Buehler, A. G., Public Finance, 3. Aufl., New York—Toronto—London 1948

Gerloff, W., Die öffentliche Finanzwirtschaft, 2. Bd. Frankfurt 1950

Gerloff, W., „Die Gebühren", in: Handbuch der Finanzwissenschaft, 2. Aufl., 2. Bd., Teil VII, Tübingen 1956

Groves, H. M., Financing Government, 3. Aufl., New York 1951

Hicks, U., Public Finance, 2. Aufl., London 1955

Matthias, M.,, „Gebühren und Beiträge", in: Handwörterbuch der Kommunalwissenschaften, 2. Bd., Jena 1922

Meisel, F., „Gebührenlehre", in: Handbuch der Finanzwissenschaft, 1. Aufl., 1. Bd., Teil IV, Tübingen 1926

Moll, B., „Zur Klassifikation der ordentlichen öffentlichen Einnahmen", in: Finanzarchiv, Bd. 46, Tübingen 1929

Pigou, A. C., A Study in Public Finance, 3. Aufl., London 1951

Strutz, G., „Gebühren", in: Handwörterbuch der Staatswissenschaften, 4. Aufl., 4. Bd., Jena 1927

Terhalle, F., Finanzwissenschaft, Jena 1930

Für Kap. VI

Zu §§ 1, 2 und 3:

Bühler, O. und Strickrodt, G., Allgemeines Steuerrecht (Steuerrecht, Grundriß, Bd. I), 3. Aufl., Wiesbaden 1959

v. Eheberg, K. Th., „Steuer", in: Handwörterbuch der Staatswissenschaften, 4. Aufl., 7. Bd., Jena 1926

Gerloff, W., „Steuerwirtschaftslehre", in: Handbuch der Finanzwissenschaft, 2. Aufl., 2. Bd., Teil VIII, Tübingen 1956

Marco, A. de Viti de, Grundlehren der Finanzwirtschaft, Tübingen 1932

Neumark, F., „Vom Wesen der Besteuerung", in: Festschrift für Rudolf Stucken, Göttingen 1953

Neumark, F., „Steuer (I)", in: Handwörterbuch der Sozialwissenschaften, 10. Bd. (15. Lfg.), Tübingen 1957

Schmölders, G., Allgemeine Steuerlehre, 3. Aufl., Berlin 1958

Seligman, E. R. A., Essays in Taxation, 9. Aufl., New York 1923

Terhalle, F., Finanzwissenschaft, Jena 1930

Wagner, A., Finanzwissenschaft, II. Teil (Lehrbuch der politischen Ökonomie, Bd. VI), 2. Aufl., Leipzig 1890

Zu § 4:

Bickel, W., „Steuertariflehre", in: Handwörterbuch der Sozialwissenschaften, 10. Bd. (19. Lfg.), Tübingen 1958

Bräuer, K., „Steuertarife", in: Handwörterbuch der Staatswissenschaften, 4. Aufl., 7. Bd., Jena 1926

Bräuer, K., Umrisse und Untersuchungen zu einer Lehre vom Steuertarif, Jena 1927

Edgeworth, F. Y., „Graduation of Taxes on Income and Capital" und „Formulae for Graduating Taxation", in: Economic Journal, Vol. 29 u. 30, London 1919 und 1920, abgedr. in: Papers relating to Political Economy, Vol. II., London 1925

Einkommensteuertabelle, in Bundesgesetzblatt, Teil I, Jg. 1958, S. 492

Mertz, H. P. J., „Die mathematische Struktur des Einkommensteuertarifs", in: Finanzarchiv, N. F., Bd. 18, Tübingen 1958

Pigou, A. C., A Study in Public Finance, 3. Aufl., London 1951

Zu § 5:

Andreae, W., „Die Zukunft der Ertragsbesteuerung unter wirtschaftspolitischem Gesichtspunkt", in: Festgabe für Georg von Schanz, Bd. II, Tübingen 1928

Bräuer, K., „Versuch einer Neugruppierung der Steuerformen", in: Festgabe für Georg von Schanz, Bd. II, Tübingen 1928

Dalton, H., Einführung in die Finanzwissenschaft, Berlin 1926

Gerloff, W., „Steuerwirtschaftslehre", in: Handbuch der Finanzwissenschaft, 2. Aufl., 2. Bd., Teil VIII, Tübingen 1956

Hicks, U., Public Finance, 2. Aufl., London 1955

Jessen, J., Deutsche Finanzwirtschaft, Hamburg 1937

Meisel, F. und Gerloff, W., „Steuertechnik", in: Handbuch der Finanzwissenschaft, 2. Aufl., 2. Bd., Teil VIII, Tübingen 1956

Neumark, F., „Zum Problem der Klassifikation der Steuerformen", in: Beiträge zur Geld- und Finanztheorie, Festschrift für W. Gerloff, Tübingen 1951

Schmölders, G., Allgemeine Steuerlehre, 3. Aufl., Berlin 1958

Seligman, E. R. A., Essays in Taxation, 9. Aufl., New York 1923

Terhalle, F., Finanzwissenschaft, Jena 1930

Wagner, A., Finanzwissenschaft, II. Teil (Lehrbuch der politischen Ökonomie, Bd. VI), 2. Aufl., Leipzig 1890

Zeitel, G., „Zur Unterscheidung zwischen direkter und indirekter Steuer in der Volkswirtschaftlichen Gesamtrechnung", in: Konjunkturpolitik, Jg. 4, Berlin 1958

Zu § 6:

Allen, E. D. and Brownlee, O. H., Economics of Public Finance, New York 1947

Cohn, G., Betrachtungen über die Finanzreform des Reiches, Stuttgart 1913

Erzberger, M., Reden zur Neuordnung des deutschen Finanzwesens, Berlin 1919

Gerloff, W., „Der Staatshaushalt und das Finanzsystem Deutschlands", in: Handbuch der Finanzwissenschaft, 1. Aufl., 3. Bd., Teil X, Tübingen 1929

Grundlagen und Möglichkeiten einer organischen Finanz- und Steuerreform. (Schriftenreihe des Instituts „Finanzen und Steuern", Heft 30, 1. und 2. Bd.), Bonn 1955

Haller, H., Finanzpolitik, Tübingen—Zürich 1957

Handbuch der Finanzwissenschaft, 2. Aufl., hrsg. von W. Gerloff und F. Neumark, 1. Bd., Teil II, Tübingen 1952

Handbuch der Finanzwissenschaft, 2. Aufl., hrsg. von W. Gerloff und F. Neumark, 3. Bd., Teil XI, Tübingen 1958

Hicks, U., Public Finance, 2. Aufl., London 1955

Jecht, H., Wesen und Formen der Finanzwirtschaft, Jena 1928

Jecht, H., Kriegsfinanzen, Jena 1938

Kaemmel, E., „Das Finanzsystem der Deutschen Demokratischen Republik", in: Handbuch der Finanzwissenschaft, 2. Aufl., 3. Bd., Teil XI, Tübingen 1958

Zur Kritik am deutschen Steuersystem. (Schriftenreihe des Instituts „Finanzen und Steuern", Heft 8), Bonn o. J.

Pentzlin, K., Wirtschaftspolitische Grundsätze einer organischen Steuerreform (Schriftenreihe des Instituts „Finanzen und Steuern", Heft 22), Bonn 1951

Schmölders, G., „Steuersystem und Steuersystematik", in: Handbuch der Finanzwissenschaft, 2. Aufl., 2. Bd., Teil VIII, Tübingen 1956

Somers, H. M., Public Finance and National Income, Philadelphia—Toronto 1949

Stucken, R., Deutsche Geld- und Kreditpolitik 1914—1953, 2. Aufl., Tübingen 1953

Studenski, P., Chapters in Public Finance, New York 1933

Terhalle, F., „Geschichte der deutschen öffentlichen Finanzwirtschaft vom Beginn des 19. Jahrhunderts bis zum Schlusse des zweiten Weltkrieges", in: Handbuch der Finanzwissenschaft, 2. Aufl., 1. Bd., Teil II, Tübingen 1952

Terhalle, F., „Das Finanz- und Steuersystem der Bundesrepublik Deutschland", in: Handbuch der Finanzwissenschaft, 2. Aufl., 3. Bd., Teil XI, Tübingen 1958

Teschemacher, H., Reichsfinanzreform und innere Reichspolitik 1906—1913, Berlin 1915

Wagner, A., Finanzwissenschaft, II. Teil (Lehrbuch der politischen Ökonomie, Bd. VI), 2. Aufl., Leipzig 1890

Weltwirtschaftliches Archiv, 51. Bd., Jena 1940, verschiedene Artikel von K. C. Thalheim, H. Jecht, H. H. Hohlfeld u. a. zur Problematik der Kriegsfinanzierung

Wurm, E., Finanzgeschichte des Deutschen Reiches, Hamburg 1910

Zu §§ 7, 8:

v. Beckerath, E., „Formen moderner Finanztheorie" in: Festgabe für Georg von Schanz, Bd. I, Tübingen 1928

Edgeworth, F. Y., „The pure Theory of Taxation", in: Papers Relating to Political Economy, Vol. II, London 1925

v. Eheberg, K. Th., „Steuer", in: Handwörterbuch der Staatswissenschaften, 4. Aufl., 7. Bd., Jena 1926

Einaudi, L., Corso di scienza della finanza, Torino 1926

Einaudi, L., Prinzipi di scienza della finanza, Torino 1952

Frisch, R., New Methods of Measuring Marginal Utility, Tübingen 1932

Gerloff, W., „Die Rechtfertigung der Besteuerung", in: Festgabe für Georg von Schanz, Bd. II, Tübingen 1928

Gerloff, W., „Steuerwirtschaftslehre", Handbuch der Finanzwissenschaft, 2. Aufl., 2. Bd., Teil VIII, Tübingen 1956

Groves, H. M., Financing Government, 3. Aufl., New York 1951

Hicks, U., Public Finance, 2. Aufl., London 1955

Lindahl, E., „Einige strittige Fragen der Steuertheorie", in: Die Wirtschaftstheorie der Gegenwart, Bd. IV, Wien 1928

Mann, F. K., „Die Gerechtigkeit in der Besteuerung", in: Festgabe für Georg von Schanz, Bd. II, Tübingen 1928

Mann, F. K., Steuerpolitische Ideale (Finanzwissenschaftl. Forschungen, Heft 5), Jena 1937

Mann, F. K., „Steuer (II)", in: Handwörterbuch der Sozialwissenschaften, 10. Bd. (15. Lfg.), Tübingen 1957

Mann F. K., „Die Finanzwirtschaft als Modell und als System", in: Finanzarchiv, N. F., Bd. 19, Tübingen 1959

Neumark, F., „Steuer (I)", in: Handwörterbuch der Sozialwissenschaften, 10. Bd. (15. Lfg.), Tübingen 1957

Pigou, A. C., A Study in Public Finance, 3. Aufl., London 1951

Sax, E., Grundlegung der theoretischen Staatswirtschaft, Wien 1887

Sax, E., „Die Progressivsteuer", in: Zeitschrift für Volkswirtschaft, Sozialpolitik und Verwaltung, Bd. I, Wien 1892

Sax, E., „Die Wertungstheorie der Steuer", in: Zeitschrift für Volkswirtschaft und Sozialpolitik, N. F., Bd. IV, Wien—Leipzig 1924

Smith, A., An Inquiry into the Nature and Causes of the Wealth of Nations, 5. Buch, London 1776. Ins Deutsche übertragen nach der 4. Aufl. 1786 von E. Grünfeld (Sammlung sozialwissenschaftlicher Meister, hrsg. von H. Waentig, Bd. 12), Jena 1923

Somers, H. M., Public Finance and National Income, Philadelphia—Toronto 1949

Wagner, A., Finanzwissenschaft, II. Teil (Lehrbuch der politischen Ökonomie, Bd. VI), 2. Aufl., Leipzig 1890

Zu § 9:

Aereboe, F., Agrarpolitik, Berlin 1928

Allen, E. D. and Brownlee, O. H., Economics of Public Finance, New York 1947

A n d r e a e , W., „Die Zukunft der Ertragsbesteuerung unter wirtschaftspolitischem Gesichtspunkt", in: Festgabe für Georg von Schanz, Bd. II, Tübingen 1928

C o s c i a n i , C., „Zur Frage der Überwälzbarkeit einer Körperschaftsteuer", in: Finanzarchiv, N. F., Bd. 19, Tübingen 1959

D o u c e t , F., „Einkommensteuerreformvorschläge zwecks Anpassung des Steuersystems an die gelenkte Wirtschaft", in: Finanzarchiv, N. F., Bd. 10, Tübingen 1943/45

E h r l i c h e r , W., „Die Wirkungen der Unternehmungsteuern auf Investitionen, Gewinne und Löhne", in: Finanzarchiv, N. F., Bd. 18, Tübingen 1958

F ö h l , C., „Kritik der progressiven Einkommensbesteuerung", in: Finanzarchiv, N. F., Bd. 14, Tübingen 1954

F ö h l , C., „Das Steuerparadoxon", in: Finanzarchiv, N. F., Bd. 17, Tübingen 1957

G r o v e s , H. M., Financing Government, 3. Aufl., New York 1951

H ä u s e r , K. u n d R i c h t e r , R., „Zum Problem der Einkommensteuerüberwälzung", in: Finanzarchiv, N. F., Bd. 16, Tübingen 1956

H ä u s e r , K. u n d R i c h t e r , R., „Zum Problem der Einkommensteuerüberwälzung. Eine Duplik zum ‚Steuerparadoxon' ", in: Finanzarchiv, N. F., Bd. 17, Tübingen 1957

H a l l e r , H., Finanzpolitik, Tübingen—Zürich 1957

H i c k s , U., Public Finance, 2. Aufl., London 1955

K r e l l e , W., „Zur Wirkung der progressiven Einkommensbesteuerung", in: Finanzarchiv, N. F., Bd. 16, Tübingen 1956

L a s s a l l e , F., Die indirekte Steuer und die Lage der arbeitenden Klassen. Verteidigungsrede vor dem königlichen Kammergericht zu Berlin, Zürich 1863. Abgedr. in: Ferdinand Lassalles Reden und Schriften, hrsg. von E. Bernstein, Berlin 1892 ff.

M a n n , F. K., „Überwälzung der Steuer", in: Handwörterbuch der Staatswissenschaften, 4. Aufl., 8. Bd., Jena 1928

M a r c o , A. d e V i t i d e , Grundlehren der Finanzwirtschaft, Tübingen 1932

M e r i n g , O. v., Die Steuerüberwälzung, Jena 1928

M e r i n g , O. v., „Steuerüberwälzung", in: Handwörterbuch der Sozialwissenschaften, 10. Bd. (19. Lfg.) Tübingen 1958

M i l d s c h u h , W., „Steuerwirkungen", in: Handbuch der Finanzwissenschaft, 1. Aufl., 1. Bd., Teil III, Tübingen 1926

O l l e n b u r g , G., „Staatshaushalt und Preisreaktion im Wirtschaftskreislauf", in: Konjunkturpolitik, 5. Jg., Heft 4, Berlin 1959

P e t e r , H., „Sekundärwirkungen, Bemerkungen zu den Zahlenbeispielen des Aufsatzes von Carl Föhl", in: Finanzarchiv, N. F., Bd. 14, Tübingen 1954

R e c k t e n w a l d , H., „Bedeutung, Grenzen und neuere Entwicklung der Steuerüberwälzungslehre", in: Finanzarchiv, N. F., Bd. 16, Tübingen 1956

R e c k t e n w a l d , H., „Steuerwirkungen", in: Handwörterbuch der Sozialwissenschaften, 10. Bd. (19. Lfg.), Tübingen 1958

Rittershausen, H., „Die Zusammenhänge zwischen Finanzpolitik und Preispolitik", in: Finanzarchiv, N. F., Bd. 8, Tübingen 1941

Schmölders, G., „Steuerumbau als Aufgabe für heute", in: Finanzarchiv, N.F., Bd. 9, Tübingen 1943

Seligman, E. R. A., Die Lehre von der Steuerüberwälzung, Jena 1927

Somers, H. M., Public Finance and National Income, Philadelphia—Toronto 1949

Strigl, R., „Zur Theorie der Steuerüberwälzung", in: Wirtschaftstheorie der Gegenwart, Bd. IV, Wien 1928

Stucken, R. und Ehrlicher, W., „Zur Frage der Überwälzung der Unternehmungssteuern", in: Finanzarchiv, N. F., Bd. 14, Tübingen 1954

Studenski, P., Chapters in Public Finance, New York 1933

Terhalle, F., „Steuerumbau als Aufgabe für morgen", in: Finanzarchiv, N. F., Bd. 9, Tübingen 1943

Terhalle, F., „Steuerumbau als Aufgabe für heute und morgen", in: Finanzarchiv, N. F., Bd. 9, Tübingen 1943

Wagner, A., Finanzwissenschaft, II. Teil (Lehrbuch der politischen Ökonomie, Bd VI). 2. Aufl., Leipzig 1890

Welinder, C., „Steuerüberwälzung und Steuerwirkungen", in: Handbuch der Finanzwissenschaft, 2. Aufl., 2. Bd., Teil VIII, Tübingen 1956

Wurm, E., „ ‚Über die Steuerfrage'. Verhandlungen des Parteitages der sozialdemokratischen Partei, 18. September 1913", abgedr. in: K. Diehl und P. Mombert, Grundsätze der Besteuerung (Ausgewählte Lesestücke zum Studium der politischen Ökonomie, Bd. XIII), Karlsruhe i. B. 1922

Zu § 10:

Außer der Literatur zu Bd. I, Kap. II, § 8 (S. 150 f.), noch folgende:

Ehrlicher, W., „Die Wirkungen der Unternehmungsteuern auf Investitionen, Gewinne und Löhne", in: Finanzarchiv, N. F., Bd. 18, Tübingen 1958

Haller, H., „Möglichkeiten und Grenzen finanzwirtschaftlicher Konjunkturpolitik", in: Finanzarchiv, N. F., Bd. 12, Tübingen 1951

Hansen, A. H. und Perloff, H. S., State and Local Finance in the National Economy, New York 1944

Klein, L. R., The Keynesian Revolution, London 1950

Koch, W., „Vollbeschäftigung und Finanzpolitik", in: Die Problematik der Vollbeschäftigung (Schriftenreihe des Vereins für Sozialpolitik, N. F., Bd. 3), Berlin 1951

Koch, W., „Steuerpolitik", in: Handwörterbuch der Sozialwissenschaften, 10. Bd. (15. Lfg.), Tübingen 1957

Neumark, F., „Wo steht die ‚Fiscal Policy' heute?", in: Finanzarchiv, N. F., Bd. 19, Tübingen 1959

Recktenwald, H., „Steuerwirkungen", in: Handwörterbuch der Sozialwissenschaften, 10. Bd. (19. Lfg.) Tübingen 1958

Schneider, E., Einführung in die Wirtschaftstheorie, 5. Aufl., Teil III, Tübingen 1959

Zu § 11:

Adler, J. H., „The Fiscal System, the Distribution of Income and Public Welfare", in: Fiscal Policies and the American Economy, New York 1951

Allen, E. D. and Brownlee, O. H., Economics of Public Finance, New York 1947

Barna, T., Redistribution of Income through Public Finance in 1937, Oxford 1945

Brochier, H., Finances publiques et rédistributions des revenues, Paris 1950

Buehler, A. G., Public Finance, 3. Aufl., New York—Toronto—London 1948

Cartter, H. M., The Redistribution of Income in Postwar Britain, New Haven 1955

Colm, G., Essays in Public Finance and Fiscal Policy, New York 1955

Dalton, H., Principles of Public Finance, 4. Aufl.. London 1954

Groves, H. M., Financing Government, 3. Aufl., New York 1951

Haller, H., Finanzpolitik, Tübingen 1957

Hicks, U., Steuerpolitik im Wohlfahrtsstaat. Dt. von G. Schmölders, (Finanzwissenschaftl. Forschungsarbeiten, N. F., Heft 3), Berlin 1953

Hicks, U., Public Finance, 2. Aufl., London 1955

Jecht, H., „Staatliche Wirtschaftspolitik und Einkommensverteilung", in: Einkommensbildung und Einkommensverteilung (Schriften des Vereins für Socialpolitik, N. F., Bd. 13), Berlin 1957

Koch, W., „Steuerpolitik", in: Handwörterbuch der Sozialwissenschaften, 10. Bd. (15. Lfg.), Tübingen 1957

Peacock, A. T., Income Redistribution and Social Policy, London 1954, Neudr. 1958

Pigou, A. C., A Study in Public Finance, 3. Aufl., London 1951

Studenski, P., Chapters in Public Finance, New York 1933

Tucker, R. F., „The Distribution of Government Burdens and Benefits", in: The American Economic Review, Vol. XLIII, 1953

Zeitschriften

The American Economic Review, Menasha, Wisc.

Finanzarchiv, N. F., Tübingen

Openbare Finanzien / Public Finance / Finances Publiques (N. Samson N. V.), Alphen a. d. Rijn

Schmollers Jahrbuch für Gesetzgebung, Verwaltung und Volkswirtschaft, Berlin

Steuer und Wirtschaft, München—Berlin—Göttingen—Heidelberg

Weltwirtschaftliches Archiv, Hamburg

Zeitschrift für die gesamten Staatswissenschaften, Tübingen

Handbücher, Sammelwerke und Schriftenreihen

Beiträge zur Finanzwissenschaft, Festgabe für Georg v. Schanz (2 Bde.), Tübingen 1928

Hauptprobleme der Finanzwissenschaft, in: Die Wirtschaftstheorie der Gegenwart, Bd. IV, hrsg. v. H. Mayer, Wien 1928

Handbuch der Finanzwissenschaft, 1. Aufl., hrsg. v. W. Gerloff und F. Meisel (3 Bde.), Tübingen 1926—1929

Handbuch der Finanzwissenschaft, 2. Aufl., hrsg. v. W. Gerloff und F. Neumark (3 Bde.), Tübingen 1952—1958

Handwörterbuch der Sozialwissenschaften, Stuttgart—Tübingen—Göttingen 1956 ff.

Handwörterbuch der Staatswissenschaften, 4. Aufl., Jena 1923—1929

Readings in Fiscal Policy, hrsg. von der American Economic Association, Homewood, Ill. — London 1955

Schriftenreihe des Instituts „Finanzen und Steuern", hrsg. v Institut „Finanzen und Steuern", Bonn

Schriftenreihe des Vereins für Socialpolitik, Berlin

Viewpoints on Public Finance, hrsg v. H. M. Groves, New York 1947

(Zusammengestellt von Dipl.-Volkswirt H. Bydekarken)

Namensregister

Adler, J. H. 141
Aereboe, F. 91, 138
Allen, E. D. 136, 138, 141
Amonn, A. 134
Andreae, W. 91, 136, 139

Barna, T. 128, 141
Beckerath, E. v. 133
Bickel, W. 136
Bismarck 8, 69, 85
Bloch, K. 134
Böhm-Bawerk, E. v. 84
Bräuer, K. 31, 136
Brochier, H. 141
Brownlee, O. H. 136, 138, 141
Brüning 70
Büchner, R. 24, 135
Buehler, A. G. 135, 141
Bühler, O. 135

Canard, N. F. 95
Cartter, H. M. 141
Colm, G. 137, 141
Conrad, A. H. 130
Cosciani, C. 139
Cournot, A. 103

Dalton, H. 64, 136, 141
Doucet, F. 91, 139
Duhmer, W. 134

Edgeworth, F. Y. 81, 136, 138
Eheberg, K. Th. v. 55, 73 f., 135, 138
Ehrlicher, W. 139, 140
Einaudi, L. 81, 138
Engels, F. 72, 80
Engländer, O. 134
Ermer, S. 134
Erzberger, M. 55, 70, 137
Eynern, G. v. 12, 134

Föhl, C. 112 ff., 139
Frisch, R. 138

Gerloff, W. 22, 23, 76, 135, 136, 137, 138
Groves, H. M. 134, 135, 138, 139, 141

Haavelmo, T. 76
Häuser, K. 139
Haller, H. 73, 137, 139, 140, 141
Hansen, A. H. 110, 120 f., 122, 124, 140
Haussmann, F. 134
Heidermann, H. 134
Heimann, E. 134
Hicks, U. K. 128 f., 134, 135, 136, 137, 138, 139, 141
Hoffmann, H. 134
Hohlfeld, H. H. 137

Jecht, H. 115, 127, 130, 137, 141
Jessen, J. 54, 136
Johns, R. 14, 134

Kaemmel, E. 137
Kaldor, N. 122
Kalecki, M. 124
Keller, Th. 134
Keynes, J. M. 121
Klein, L. R. 125, 140
Koch, W. 122. 140, 141
Krelle, W. 139

Landmann. J. 134
Lassalle, F. 72, 94, 95, 139
Lenin 72
Lindahl, E. 73, 81, 138
Lohmann, M. 134

Mann, F. K. 138, 139
Marco, A. de Viti de 134, 135, 139
Marx, K. 72, 80
Matthias, M. 135
Meisel, F. 135, 136
Mellerowicz, K. 134
Mering, O. v. 111, 139
Mertz, H. P. J. 136
Mildschuh, W. 139
Moll, B. 135

Neumark, F. 63, 135, 136, 137, 138, 140

Ollenburg, G. 139

Papen 71, 90
Paul 134
Paulsen, A. 103
Peacock, A. T. 130, 141
Peel 55
Pentzlin, K. 137
Perloff, H. S. 124, 140
Peter, H. 139
Pigou, A. C. 135, 136, 138, 141
Proudhon, P. J. 73, 95

Quesnay, F. 66, 93

Recktenwald, H. 123, 139, 140
Ricardo, D. 93 ff., 109
Richter, R. 139
Ritschl, H. 134
Rittershausen H. 91, 140
Rodbertus, C. 72

Sax, E. 81, 138
Schieb, B. 134
Schmölders, G. 61, 65, 91, 135, 136, 137, 140
Schneider, E. 141
Schnettler, A. 134
Schumpeter, J. A. 11, 123
Seligmann, E. R. A. 135, 136, 140
Senior, N. W. 73
Smith, A. 77 f., 93, 138
Somers, H. M. 137, 138, 140
Strigl, R. 140
Strickrodt, G. 135
Strutz, G. 23, 135
Stucken. R. 137, 140
Studenski, P. 134, 137, 140, 141

Terhalle, F. 91, 134, 135, 136, 137, 140
Teschemacher, H. 137
Thalheim. K. C. 137
Thiers, A. 95
Tinbergen, J. 100
Tucker, R. F. 141

Wagner, A. 68, 76, 77, 79, 136, 137, 138, 140
Welinder, C. 140
Wicksell, K. 73
Wurm, E. 137, 140

Zeitel, G. 136

Sachregister

Abschreibungspolitik 88
Abzugsbeträge 40
Abzugsfähigkeit 62
Abzugsminimum 40
Aktiengesellschaft 15
Akzelerationswirkungen 10
Alkoholmonopol 56
Allgemeinheitsprinzip 59, 79
Anlagenrechnung 12
Anrechenbarkeit 61 f.
Anstoßtarif 32, 47
Äquivalenzprinzip 24, 29, 80
Äquivalenztheorie 28, 73 ff.
Assekuranztheorie 73
Aufwandsteuer 55, 67, 127
Ausgabensteuern 128 f.
Ausgleichsabgaben 59
Ausgleichssteuern 62, 88

basic income-tax rate 120
Bedarfsdeckung, leiturgische 53
Beförderungsteuer 59, 61, 63
Beiträge 6, 20 ff., 27, 28
Beiträge, Bemessungshöhe 24/26
Beitragsarten 24/26
Benutzungsgebühren 6, 23, 29
Bereichsstufentarife 38, 43 ff.
Beschäftigungspolitik 67, 80, 89, 118 ff, 132
Beschäftigungstheorie 116 ff.
Beschäftigungswirkungen 27, 64 f., 84, 86, 93, 116 ff., 131
Besteuerung, Bequemlichkeit der 77 f.
— —, Bestimmtheit der 77 f.
— —, Billigkeit der 77 f.
— —, Gleichmäßigkeit der 77 ff., 80 f.
Besteuerung, Grundsätze der 76 ff.
— —, Rechtfertigungslehren der 26
Besteuerungsmenge 31, 39, 57
Betriebe und Beteiligungen 8, 16, 20
Betriebe, kommunale 13
— —, öffentliche — Ergiebigkeit, volkswirtschaftliche 10 f.
— —, öffentliche — Kostendeckung 9
— —, öffentliche — Organisationsformen 12 ff.
— —, öffentliche — selbständige Wirtschaftsgebilde 14
— —, öffentliche — § 15 RHO 14
Betriebsanlageguthaben 71, 90
Betriebsbesteuerung 89
Betriebsprüfung, steuerliche 85
Biersteuer 32, 33, 60
Bindung, öffentliche 12
Brutto-Allphasenumsatzsteuer 89
Buchführung, gehobene kameralistische 14
— —, kameralistische 12
— —, kaufmännische doppelte 14
Budgetpflicht 12
Bundesbahn 14, 16 ff.
Bundesdruckerei 14
Bundespost 14, 16 ff.
Bundessteuern 59 f.

Degression (s. a. Steuertarif) 40
Deklarationszwang 85
Depression 10, 67, 70, 90, 118, 120, 121
Diffusionstheorie 95
do ut des 28, 72
Durchschnittssatz 57
Durchschnittssteuersatz 32, 35, 36, 38 ff., 121, 128
Durchschnittssteuersatzfunktion 32, 34

Eigenbetrieb 13 f.
Eigenbetriebsverordnung 13
Einkommenselastizität 10, 107 f., 110 f.
Einkommensteuer 31, 32, 33, 53, 55, 56, 57, 58, 60 ff., 63, 64 66, 69 ff., 79, 81, 85, 88, 89, 108, 114, 120, 121, 122, 124, 127 ff.
Einnahmen, öffentliche 77
—, —, außerordentliche 6
—, —, ordentliche 6
Einnahmepolitik 8 ff.
Einnahmequellen 66
Einnahmewirtschaft 65 f.
Einzelgebühren 23
Empfängerprinzip 53
Erbschaftsteuer 58, 60, 62, 63, 64, 67, 69
Erfolgsplan 14
Ergänzungssteuern 62
Erhebungstechnik 53 f., 62, 68, 70, 85
Ertragsteuern 57, 58, 91
Ertragsteuersystem 68
Erwerbseinkünfte 6 ff., 20 f., 26, 27
— —, Definition der 6 ff.
— —, Problematik der 8 ff.
Erwerbsvermögen 7 f., 16 ff.

Finanzausgleich 59, 69 f.
Finanzgewalten, intermediäre 24
Finanzmonopol 59, 61
Finanzplan 14
Finanzpolitik 83, 88, 119, 131
fiscal perversity 119
Fiskalgebühren 22
Fiskalpolitik 10, 77, 118 ff.
Folgesteuern 62
functional finance 76

Gebietskörperschaften 16 ff., 22, 24 f., 59 ff.
Gebühren 6, 20 ff., 27, 28, 61, 75
— —, feste 23
— —, mittelbare 22
— —, unmittelbare 22
— —, veränderliche 23
Gebührenarten 22 f.
Gebührenpflicht 22
Geldpolitik 12, 115, 119
Geldreform 70
Geldschöpfung 76
Geldsteuern 53
Geldsystem 66
Gemeindeordnung 13
Gemeindesteuern 60
Gemeinschaftsbesitz 14
Gesellschaft mit beschränkter Haftung 15
Gesellschaft bürgerlichen Rechts 15
Gesellschaftsformen des Privatrechts 14, 15
Gewerbeertragsteuer 120
Gewerbesteuer 58, 62, 63, 87
Gewerkschaft, bergrechtliche 15
Gewinnausgleichung 88
Gewinnsteuern 9, 94, 109, 111 ff., 122, 124 f.
Gradationsgebühren 23
Grenzbelastung 33
Grenzsteuerbetrag 33
Grenzsteuersatz 33, 35, 38, 39, 41, 46, 48 ff., 87, 91, 121
Grenzsteuersatzfunktion 32 f., 35
Grunderwerbsteuer 31, 60, 62
Grundgesetz 59 ff.
Grundrentensteuer 94
Grundsteuer 53, 54, 63
Grundvermögen, allgemeines 8, 19

Haushalt des Bundes 17 ff.
— —, öffentlicher 12
Haushaltsausgleich 10, 77, 118
Haushaltsplan, außerordentlicher 14
Haushaltsplan, ordentlicher 14
Hebesätze 87

Inflation 56, 70, 90, 114
Interesse, Einzel- 13
— —, gemeinwirtschaftliches 16
— —, privatwirtschaftliches Gewinn- 16
— —, Gruppen- 13
— —, öffentliches 13
Investitionen 59, 71, 80, 89 f., 112, 114 f., 116, 122, 123 ff.
Inzidenz 30
— —, effektive 126, 130 ff.
— —, formale 126 ff.

Iststeuern 57

Judenabgabe 54, 58, 78
Kaffeesteuer 31, 56
Kapitalertragsteuer 29, 61, 70
Kapitalgesellschaft 15
Kapitalsteuern 128 f.
Kapitalvermögen, allgemeines 8, 16, 19
Katastersteuern 53, 62
Kirchensteuer 62, 63
Klassengebühren 23
Königsberger System 15
Körperschaftsteuer 60 f., 63, 70 f., 120, 121
Kommunalabgabengesetz 22 f.
Kompensationstheorie der Steuerprogression 58
Konjunktur 10, 56, 57, 67, 70 f., 77, 90, 108, 110, 112, 119 f., 121, 131
Konjunkturempfindlichkeit der Steuererträge 67, 118, 120
Konkurrenzmärkte (und Überwälzung) 96 ff.
Kontrollsteuern 62, 85, 88
Kopfsteuer 41, 57, 79, 91, 119
Kraftfahrzeugsteuer 28, 60, 61, 63, 87
Kredite 6, 66
Kreditschöpfung 76
Kriegsbesteuerung, abschließende 70
Kriegsbetriebssteuer 91

Landessteuern 60
Lastenausgleich 55, 59
Leipzig-Dresdener System 13
„Liebesgabe" 69
Lohnsteuer 29, 30, 53 f., 61 f., 94, 108 ff., 120, 122
Lohnsteuerjahresausgleich 54, 88
Lohnsummensteuer 87, 91

Macht, politische 11, 74, 84, 95 f.
— —, wirtschaftliche 11 f., 84, 95 f.
Machttheorie 95
Marktformen (und Überwälzung) 96 ff.
Marktformenpolitik 11
Maßsteuern 65
Mehrgewinnsteuer 56
Mindeststeuerbetrag 41
Monopole (Konzentration) 10, 11, 88, 89, 111 f.
Monopolmärkte (und Überwälzung) 103 f.

Naturalsteuern 53
Netto-Umsatzsteuer 89
Neutralität 59, 80
Notopfer Berlin 59

Opfertheorie 28, 73 ff.

Parallelpolitik 70, 119
Pauschalgebühren 23
Personalsteuern 58, 90 f.
Personalsteuersystem 68
Pflichttheorie 73
Plafond 48
Preiselastizität 10, 96 ff., 117
Preispolitik 12
Prinzip des gleichen Opfers 81 ff.
— — minimalen Opfers 81 ff.
— — proportionalen Opfers 81 ff.

Privilegien 78 ff.
Privilegierung, negative 58 f.
— —, positive 58 f.
Produktionspolitik 10 ff., 59
Progression, direkte (s. a. Steuertarif) 40, 42, 50, 58
— —, indirekte 40, 42, 49 f., 58
— —, offene 40, 42
Prozentualgebühren 23

Quellenabzugsverfahren 29, 30, 53
Quellentheorie 56
Quotitätssteuern 54

Rahmengebühren 23
Realsteuern 58, 60
Redistributionspolitik, s. Verteilungspolitik
Redistributionswirkungen 27, 65, 66 f., 68, 84, 86, 90, 127 ff.
Regiebetrieb 12 f., 15
Regression (s.a. Steuertarif) 59, 67, 74, 128
— —, direkte 42
— —, indirekte 41, 48
— —, innere 43, 52
Reichsabgabenordnung 27 f., 29
Reichshaushaltsordnung 14
Reichsnotopfer 70
Repartitionssteuern 54
Reprivatisierung 16
Richtsatz 57
Rückwälzung 30

sales tax 121
Selbstveranlagung 120
Sollertragsteuern 91
Sollsteuern 57, 70
Sondervermögen 14, 16, 19
Sozialisierung 15, 16
Sozialprodukt 63 f.
Sozialversicherungsbeiträge 24, 120, 121
Sparpolitik 59, 71, 90, 122
Sporteln 22
Staatsfunktionen 72f.
Stabilisierung 1923 57, 70
Standortwahl 87
Steuer, einzige 66
Steuerabwehr 27, 67, 83 ff., 116 ff.
— -amortisation 115
— -anstoß 84, 125 f.
— -aufkommen 54, 82, 127
— -begünstigung 59, 71, 90, 110, 126
— -belastung 80, 83, 88, 90, 102, 117, 126 ff.
— -bemessung 76, 77
— -bemessungsgrundlage 30 ff., 39 ff., 54, 57, 58, 79, 87, 101, 109, 126
— -betrag 30 ff., 43, 45, 47, 51, 61, 82, 101
— -betragsfunktion 32 ff., 39 ff.
— —, lineare 38 ff.
— —, nichtlineare 42 f.
— -bouquet 66
— -deckung 76
— -destinatar 30, 123
— -einheit 31, 56
— -einholung 90 ff.
— -ergiebigkeit 66, 85
— -erhebungskosten 66, 77
— -erklärung 53, 84
— -ersparnis 88, 125
— -erträge 56, 57, 61, 67 f., 77, 119 f., 129
— -fortwälzung 92
— -freibetrag 39, 40, 42, 51, 126
— -freigrenze 39 f., 126
— -„füße" 31
— -gefälle 87
— -geschichte 26, 28
— -gesetzgebungsbefugnis 60
— -grenze 42, 66
— -gutscheine 71, 90
— -hinterziehung 84 f., 90
— - kämpfe 26, 28, 68, 69, 84, 125 f.
— -kataster 53, 62
— -kontrollen 88
— -lasten, Verteilung der 21, 79 ff., 92, 93, 95, 105, 115, 118, 126, 128
Steuerlehre, allgemeine 26 ff., 73, 94
— -menge 33
— -minderung 84, 85
— -moral 85
— -multiplikator 116
Steuern 6, 20 f., 26
—, allgemeine 61, 86
—, Anpassungsfähigkeit der 76 f.
—, Ausreichendheit der 76
—, außerordentliche 54
—, Beschäftigungswirkungen der, s. Beschäftigungswirkungen
—, Beweglichkeit der 76 f.
—, Definition der 26, 27 ff.
—, direkte 8, 9, 58, 62 ff., 69, 70, 93, 108, 121, 123, 127 f.
—, direkte persönliche 58 f.
—, Einkommensverteilungswirkungen der, s. Redistributionswirkungen
—, einmalige 54 f., 70
—, fortlaufende 54 f., 70, 115
—, Gliederung der 52 ff.
—, indirekte 8, 9, 62 ff., 69, 95, 101, 103, 108, 121, 127 f., 130
—, kalkulierbare 63
—, krisenfeste 119
—, Legaldefinition der 27 f., 29, 53, 75
—, mehrgliedrige 61 f.
—, neutrale 64 f.
—, nichtneutrale 64 f.
—, objektive 57 ff.
—, ordentliche 54
—, partielle 86
—, progressive 9
—, Rechtfertigung der 72 ff.
—, spezifische 31, 32, 33, 56 f., 96, 101, 104
—, subjektive 57 ff.
—, Verwaltung der 61
—, zweckgebundene 61
Steuernotverordnungen 70

Steueroasen 87
— -objekt 26, 29, 30 f., 40, 55 ff., 66, 81, 125 f.
— -pflicht 62
— -pflichtige 27, 29, 54
— -politik 12, 59, 70 f., 86, 118 ff., 131 f.
— —, antizyklische 70 f., 118 ff.
— —, automatische antizyklische 118 ff.
— —, gesteuerte antizyklische 120 f.
— —, redistributive 121, 123
— -präferenzen 89 f., 125
— -prinzipien 26, 76 ff.
— -quellen 59, 69 f.
— -rechtfertigungslehren 73 ff.
— -reform 68 ff.
— -rückwälzung 30, 92
— -satz 9, 54, 67, 71, 85, 87, 118 f., 121, 123, 125
—, -„sätze" 31
— -schuld 31, 62, 91
— -schuldner 29, 30, 58, 61, 83, 84, 89, 90, 92, 96, 99, 116
— -spitze 33
— -subjekt 26, 29 f., 85, 126
— -system 26, 27, 61 f., 65 ff., 85, 119, 128, 130
— —, historisches 65, 67 f.
— —, rationales 65 ff.
— -systematik 26
— -tabelle 51
— -tarif 31 ff., 56, 71, 120, 126, 130
— —, beschleunigt progressiver 36 f., 42, 51 f.
— —, beschleunigt regressiver 36 f.
— —, gemischt linear-kurvenförmiger 48 ff.
— —, linear progressiver 36 f., 42, 50
— —, linear regressiver 36 f., 51 f.
Steuertarif, progressiver 36 f., 38 ff., 42, 43, 44 ff., 47, 48 ff., 79, 82, 86, 88, 110, 113 f., 121 127 f., 130
— —, proportionaler 36 f., 38, 43, 48, 79, 81, 82, 104, 106
— —, regressiver 36 f., 38, 40 ff., 43, 44, 47, 48, 79, 82
— —, verzögert progressiver 36 f., 40, 42
— —, verzögert regressiver 36 f., 40 f.
— -tatbestand 28, 29, 30, 85, 88, 120
— -technik 35
— -tilgung 115
— -träger 29 f.
— -überwälzung 30, 63, 65, 67, 83, 92 ff., 126, 130
— -überwälzungslehre 63, 92 ff., 116
— -umgehung 84
— -vermeidung 62, 66, 85 ff., 93, 94, 95 f., 100, 102 104, 107, 117 f., 122, 124, 130
— -verteilung 76, 77
— -verwaltung 70, 76
— -vorteil 84, 87, 88, 89 f.
— -**weiterfortwälzung 92**
— -weiterrückwälzung 92
— -weiterwälzung 92
— -wirkungen 27, 64 f., 76, 77, 83 ff.
— -wirkungslehre 27, 83 ff.
— -zahler 29, 82
— —, Entlastung des 8 f.
— -zahlung 120
— -zahlungsschuldner 29, 92, 93, 125 f.
Stufenbetragstarif 33, 43, 45
—, progressiver 43
—, proportionaler 43
—, regressiver 43
Stufendurchschnittssatztarif, s. Stufensatztarif
Stufengrenzsatztarif (s. a. Anstoßtarif, Teilmengenstaffelung) 46 ff., 51 f.
—, progressiver 46 f.
—, regressiver 47 f.
Stufensatztarif 33, 43 ff.
—, progressiver 44 ff.
—, regressiver 44
Stufentarif 38, 46

Tarif, stufenförmiger 36
— -formeln 38 ff.
— -formen 36, 37 ff.
— -lehre 31 ff.
— ,steuern 53, 63
— -technik 36, 51 f.
— -typen 36 ff.
Teesteuer 56
Teilmengenstaffelung 32
Tragsteuern 63
Transferzahlungen 86 f., 121, 127

Überlagerungssystem 40
Umsatzsteuer 30, 56, 57, 59, 61 f., 63, 71, 84, 89, 120, 122, 128
Unternehmung, gemischtwirtschaftliche 15 f.
—, öffentliche (als besondere Organisationsform) 14

Veranlagungstechnik 62
Verbrauchsteuer 30, 53, 55, 56, 59 ff., 63, 71, 84, 86 f., 94, 119, 122, 128
Verein, rechtsfähiger 15
Verkaufsteuern 121
Verkehrsteuern 55, 60, 63
Vermögensabgaben, einmalige 59, 61
Vermögensteuer 31, 55, 56, 57, 58, 62, 63, 66, 70, 79, 81, 119, 122, 127
Vermögenszuwachssteuer 56, 69

Verteilungspolitik 9, 64, 69, 70, 80, 84, 93, 113 f.
Verteilungswirkungen 65, 84, 125 ff.
Verwaltungsbetrieb, reiner 12 f.
— ,verselbständigter 13 f.
Verwaltungsgebühren 23
Verwaltungsgrundsätze 77 f.
Verwaltungsvermögen 7
Volkseinkommen 64, 116
Volkswirtschaftliche Gesamtrechnungen 63
Vorauszahlungen 120
Vorschußsteuern 63
Vorzugslasten 28

Warenbeschaffungsguthaben 71, 90
Wehrbeitrag 55, 69
Wertsteuern 31, 56 f., 101 f., 104
Wertzuwachssteuer 60
Wirtschaftsordnung 9, 11, 16, 71, 74, 80, 83
Wirtschaftspolitik, allgemeine 12, 59, 64, 77, 85
Wohlstandsökonomie 16

Zölle 28, 53, 56 f., 59 ff., 63, 69, 84, 88
Zuckersteuer 32, 92
Zusammenschlüsse, überörtliche 13, 14
Zuwachssteuern 56
Zwangseinnahmen 8, 10, 27, 72
Zwecksteuer 28, 61
Zweckverband 14

Inhaltsübersicht

	Seite
Biologie	13
Botanik	13
Chemie	12
Deutsche Sprache und Literatur	6
Elektrotechnik	15
Englisch	7
Erd- und Länderkunde	8
Geologie	14
Germanisch	7
Geschichte	5
Griechisch	8
Hebräisch	8
Hoch- und Tiefbau	18
Indogermanisch	7
Kristallographie	14
Kunst	5
Land- und Forstwirtschaft	14
Lateinisch	8
Maschinenbau	16
Mathematik	9
Mineralogie	14
Musik	4
Pädagogik	3
Philosophie	3
Physik	11
Psychologie	3
Publizistik	9
Religionswissenschaften	4
Romanisch	7
Russisch	8
Sanskrit	8
Soziologie	3
Statistik	9
Technik	15
Technologie	13
Volkswirtschaft	9
Vermessungswesen	18
Wasserbau	17
Zoologie	14

Geisteswissenschaften

Philosophie

Einführung in die Philosophie von *H. Leisegang* †. 3. Auflage. 145 Seiten. 1957. (*281*)

Hauptprobleme der Philosophie von *G. Simmel* †. 7., unveränderte Auflage. 177 Seiten. 1950. (*500*)

Geschichte der Philosophie

I: Die griechische Philosophie von *W. Capelle*. 1. Teil. Von Thales bis Leukippos. 2., erweiterte Auflage. 135 Seiten. 1953. (*857*)

II: Die griechische Philosophie von *W. Capelle*. 2. Teil. Von der Sophistik bis zum Tode Platons. 2., stark erweiterte Auflage. 144 Seiten. 1953. (*858*)

III: Die griechische Philosophie von *W. Capelle*. 3. Teil. Vom Tode Platons bis zur Alten Stoa. 2., stark erweiterte Auflage. 132 Seiten. 1954. (*859*)

IV: Die griechische Philosophie von *W. Capelle*. 4. Teil. Von der Alten Stoa bis zum Eklektizismus im 1. Jahrh. v. Chr. 2., stark erweiterte Auflage. 132 Seiten. 1954. (*863*)

V: Die Philosophie des Mittelalters von *J. Koch*. In Vorbereitung. (*826*)

VI: Von der Renaissance bis Kant von *K. Schilling*. 234 Seiten. 1954. (*394/394a*)

VII: Immanuel Kant von *G. Lehmann*. In Vorbereitung. (*536*)

VIII: Die Philosophie des 19. Jahrhunderts von *G. Lehmann*. 1. Teil. 151 Seiten. 1953. (*571*)

IX: Die Philosophie des 19. Jahrhunderts von *G. Lehmann*. 2. Teil. 168 Seiten. 1953. (*709*)

X: Die Philosophie im ersten Drittel des 20. Jahrhunderts I von *G. Lehmann*. 128 Seiten. 1957. (*845*)

Die geistige Situation der Zeit (1931) von *K. Jaspers*. 4., unveränderter Abdruck der 1932 bearbeiteten 5. Auflage. 211 Seiten. 1955. (*1000*)

Erkenntnistheorie von *G. Kropp*

I. Teil: Allgemeine Grundlegung. 143 Seiten. 1950. (*807*)

Formale Logik von *P. Lorenzen*. 165 Seiten. 1958. (*1176/1176a*)

Philosophisches Wörterbuch von *M. Apel* †. 5., völlig neubearbeitete Auflage von *P. Ludz*. 315 Seiten. 1958. (*1031/1031a*)

Philosophische Anthropologie. Menschliche Selbstdeutung in Geschichte und Gegenwart von *M. Landmann*. 266 Seiten. 1955. (*156/156a*)

Pädagogik, Psychologie, Soziologie

Geschichte der Pädagogik von *Herm. Weimer*. 13., durchgesehene und vermehrte Auflage von *Heinz Weimer*. 178 Seiten. 1958. (*145*)

Therapeutische Psychologie. Ihr Weg durch die Psychoanalyse von *W. M. Kranefeldt*. Mit einer Einführung von *C. G. Jung*. 3. Auflage. 152 Seiten. 1956. (*1034*)

Allgemeine Psychologie von *Th. Erismann.* 3 Bände.
I: Grundprobleme. 2., neubearbeitete Auflage. 146 Seiten. 1958. (*831*)
II: Grundarten des psychischen Geschehens. 248 Seiten. 1959. (*832/832a*)
III: Psychologie der Persönlichkeit. In Vorbereitung. (*833*)

Soziologie. Geschichte und Hauptprobleme von *L. von Wiese.* 5. Auflage. 162 Seiten. 1954. (*101*)

Sozialpsychologie von *P. R. Hofstätter.* 181 Seiten, 15 Abbildungen, 22 Tabellen. 1956. (*104/104a*)

Empirische Sozialforschung von *G. K. Specht.* 1959. In Vorbereitung. (*1175*)

Psychologie des Berufs- und Wirtschaftslebens von *W. Moede* †. 190 Seiten, 48 Abbildungen. 1958. (*851/851a*)

Industrie- und Betriebssoziologie von *R. Dahrendorf.* 120 Seiten. 1956. (*103*)

Religionswissenschaften

Jesus von *M. Dibelius* †. 2. Auflage. Unveränderter Nachdruck. 141 Seiten. 1949. (*1130*)

Paulus von *M. Dibelius* †. Nach dem Tode des Verfassers herausgegeben und zu Ende geführt von *W. G. Kümmel.* 2., durchgesehene Auflage. 155 Seiten. 1956. (*1160*)

Luther von *F. Lau.* 151 Seiten. 1959. (*1187*)

Römische Religionsgeschichte von *F. Altheim.* 2 Bände. 2., umgearbeitete Auflage.
I: Grundlagen und Grundbegriffe. 116 Seiten. 1956. (*1035*)
II: Der geschichtliche Ablauf. 164 Seiten. 1956. (*1052*)

Geschichte Israels. Von den Anfängen bis zur Zerstörung des Tempels (70 n. Chr.) von *E. L. Ehrlich.* 158 Seiten, 1 Tafel. 1958. (*231/231a*)

Musik

Musikästhetik von *H. J. Moser.* 180 Seiten. Mit zahlreichen Notenbeispielen. 1953. (*344*)

Systematische Modulation von *R. Hernried.* 2. Auflage. 136 Seiten. Mit zahlreichen Notenbeispielen. 1950. (*1094*)

Der polyphone Satz von *E. Pepping.* 2 Bände.
I: Der cantus-firmus-Satz. 2. Auflage. 223 Seiten. Mit zahlreichen Notenbeispielen. 1950. (*1148*)
II: Übungen im doppelten Kontrapunkt und im Kanon. 137 Seiten. Mit zahlreichen Notenbeispielen. 1957. (*1164/1164a*)

Allgemeine Musiklehre von *H. J. Moser.* 2., durchgesehene Auflage. 155 Seiten. Mit zahlreichen Notenbeispielen. 1955. (*220/220a*)

Harmonielehre von *H. J. Moser.* 2 Bände.
I: 109 Seiten. Mit 120 Notenbeispielen. 1954. (*809*)

Die Musik des 19. Jahrhunderts von *W. Oehlmann.* 180 Seiten. 1953. (*170*)

Die Musik des 20. Jahrhunderts von *W. Oehlmann.* 1959. In Vorbereitung. (*171/171a*)

Technik der deutschen Gesangskunst von *H. J. Moser.* 3., durchgesehene und verbesserte Auflage. 144 Seiten, 5 Figuren sowie Tabellen und Notenbeispiele. 1954. (*576/576a*)

Die Kunst des Dirigierens von *H. W. von Waltershausen* †. 2., vermehrte Auflage. 138 Seiten. Mit 19 Notenbeispielen. 1954. *(1147)*

Die Technik des Klavierspiels aus dem Geiste des musikalischen Kunstwerkes von *K. Schubert* †. 3. Auflage. 110 Seiten. Mit Notenbeispielen. 1954. *(1045)*

Kunst

Stilkunde von *H. Weigert.* 2 Bände. 3., durchgesehene und ergänzte Auflage.
I: Vorzeit, Antike, Mittelalter. 136 Seiten, 94 Abbildungen. 1958. *(80)*
II: Spätmittelalter und Neuzeit. 150 Seiten, 88 Abbildungen. 1958. *(781)*

Archäologie von *A. Rumpf.* 2 Bände.
I: Einleitung, historischer Überblick. 143 Seiten, 6 Abbildungen, 12 Tafeln. 1953. *(538)*
II: Die Archäologensprache. Die antiken Reproduktionen. 136 Seiten, 7 Abbildungen, 12 Tafeln. 1956. *(539)*

Geschichte

Einführung in die Geschichtswissenschaft von *P. Kirn.* 3., durchgesehene Auflage. 128 Seiten. 1959. *(270)*

Zeitrechnung der römischen Kaiserzeit, des Mittelalters und der Neuzeit für die Jahre 1—2000 n. Chr. von *H. Lietzmann* †. 3. Auflage, durchgesehen von *K. Aland.* 130 Seiten. 1956. *(1085)*

Kultur der Urzeit von *F. Behn.* 3 Bände. 4. Auflage der Kultur der Urzeit Bd. 1—3 von *M. Hoernes.*
I: Die vormetallischen Kulturen. (Die Steinzeiten Europas. Gleichartige Kulturen in anderen Erdteilen.) 172 Seiten, 48 Abbildungen. 1950. *(564)*
II: Die älteren Metallkulturen. (Der Beginn der Metallbenutzung. Kupfer- und Bronzezeit in Europa, im Orient und in Amerika.) 160 Seiten, 67 Abbildungen. 1950. *(565)*
III: Die jüngeren Metallkulturen. (Das Eisen als Kulturmetall, Hallstatt-Latène-Kultur in Europa. Das erste Auftreten des Eisens in den anderen Weltteilen.) 149 Seiten, 60 Abbildungen. 1950. *(566)*

Vorgeschichte Europas von *F. Behn.* Völlig neue Bearbeitung der 7. Auflage der „Urgeschichte der Menschheit" von *M. Hoernes.* 125 Seiten, 47 Abbildungen. 1949. *(42)*

Der Eintritt der Germanen in die Geschichte von *J. Haller* †. 3. Auflage, durchgesehen von *H. Dannenbauer.* 120 Seiten, 6 Kartenskizzen. 1957. *(1117)*

Von den Karolingern zu den Staufern. Die altdeutsche Kaiserzeit (900—1250) von *J. Haller* †. 4., durchgesehene Auflage von *H. Dannenbauer.* 142 Seiten, 4 Karten. 1958. *(1065)*

Deutsche Geschichte im Zeitalter der Reformation, der Gegenreformation und des dreißigjährigen Krieges von *F. Hartung.* 129 Seiten. 1951. *(1105)*

Deutsche Geschichte von 1648—1740. Politischer und geistiger Wiederaufbau von *W. Treue.* 120 Seiten. 1956. *(35)*

Deutsche Geschichte von 1713—1806 von *W. Treue.* 168 Seiten. 1957. *(39)*

Deutsche Geschichte von 1807—1871 von *W. Treue.* In Vorbereitung. *(893)*

Deutsche Geschichte von 1871 bis zur Gegenwart von *W. Treue.* In Vorbereitung (*894*)

Quellenkunde der Deutschen Geschichte im Mittelalter (bis zur Mitte des 15. Jahrhunderts) von *K. Jacob* †. 3 Bände.
I: Einleitung. Allgemeiner Teil. Die Zeit der Karolinger. 6., neubearbeitete Auflage von *H. Hohenleutner.* In Vorbereitung. (*279*)
II: Die Kaiserzeit (911—1250). 5., neubearbeitete Auflage von *H. Hohenleutner.* 1959. In Vorbereitung. (*280*)
III: Das Spätmittelalter (vom Interregnum bis 1500). Herausgegeben von *F. Weden.* 152 Seiten. 1952. (*284*)

Geschichte Englands von *H. Preller.* 2 Bände.
I: bis 1815. 3., stark umgearbeitete Auflage. 135 Seiten, 7 Stammtafeln, 2 Karten. 1952. (*375*)
II: Von 1815 bis 1910. 2., völlig umgearbeitete Auflage. 118 Seiten, 1 Stammtafel, 7 Karten. 1954. (*1088*)

Römische Geschichte von *F. Altheim.* 4 Bände. 2., verbesserte Auflage.
I: Bis zur Schlacht bei Pydna (168 v. Chr.). 124 Seiten. 1956. (*19*)
II: Bis zur Schlacht bei Actium (31 v. Chr.). 129 Seiten. 1956. (*677*)
III: Bis zur Schlacht an der Milvischen Brücke (312 n. Chr.). 148 Seiten. 1958. (*679*)
IV: Bis zur Schlacht am Yarmuk (636 n. Chr.). In Vorbereitung. (*684*)

Geschichte der Vereinigten Staaten von Amerika von *O. Graf zu Stolberg-Wernigerode.* 192 Seiten, 10 Karten. 1956. (*1051/1051a*)

Deutsche Sprache und Literatur

Geschichte der Deutschen Sprache von *H. Sperber.* 3. Auflage, besorgt von *W. Fleischbauer.* 128 Seiten. 1958. (*915*)

Deutsches Rechtschreibungswörterbuch von *M. Gottschald* †. 2., verbesserte Auflage. 219 Seiten. 1953. (*200/200a*)

Deutsche Wortkunde. Eine kulturgeschichtliche Betrachtung des deutschen Wortschatzes von *A. Schirmer.* 3., durchgesehene Auflage. 109 Seiten. 1949. (*929*)

Deutsche Sprachlehre von *W. Hofstaetter.* 9., neubearbeitete Auflage von *G. Spree.* 144 Seiten. 1953. (*20*)

Stimmkunde für Beruf, Kunst und Heilzwecke von *H. Bieble.* 111 Seiten. 1955. (*60*)

Redetechnik. Einführung in die Rhetorik von *H. Bieble.* 115 Seiten. 1954. (*61*)

Sprechen und Sprachpflege (Die Kunst des Sprechens) von *H. Feist.* 2., verbesserte Auflage. 99 Seiten, 25 Abbildungen. 1952. (*1122*)

Deutsches Dichten und Denken von der germanischen bis zur staufischen Zeit von *H. Naumann* †. (Deutsche Literatur vom 5.—13. Jahrhundert.) 2., verbesserte Auflage. 166 Seiten. 1952. (*1121*)

Deutsches Dichten und Denken vom Mittelalter zur Neuzeit von *G. Müller* (1270 bis 1700). 2., durchgesehene Auflage. 159 Seiten. 1949. (*1086*)

Deutsches Dichten und Denken von der Aufklärung bis zum Realismus (Deutsche Literaturgeschichte von 1700—1890) von *K. Viëtor* †. 3., durchgesehene Auflage. 159 Seiten. 1958. (*1096*)

Der Nibelunge Nôt in Auswahl mit kurzem Wörterbuch von *K. Langosch.* 10., durchgesehene Auflage. 164 Seiten. 1956. (*1*)

Kudrun- und Dietrich-Epen in Auswahl mit Wörterbuch von *O. L. Jiriczek.* 6. Auflage, bearbeitet von *R. Wisniewski.* 173 Seiten. 1957. (*10*)

Wolfram von Eschenbach. Parzival. Eine Auswahl mit Anmerkungen und Wörterbuch von *H. Jantzen.* 2. Auflage, bearbeitet von *H. Kolb.* 128 Seiten. 1957. (*921*)

Hartmann von Aue. Der arme Heinrich nebst einer Auswahl aus der „Klage", dem „Gregorius" und den Liedern (mit einem Wörterverzeichnis) herausgegeben von *F. Maurer.* 96 Seiten. 1958. (*18*)

Gottfried von Strassburg von *F. Maurer.* 142 Seiten. 1959. (*22*)

Die deutschen Personennamen von *M. Gottschald*†. 2., verbesserte Auflage. 151 Seiten. 1955. (*422*)

Althochdeutsches Elementarbuch. Grammatik und Texte von *H. Naumann* † und *W. Betz.* 2., verbesserte und vermehrte Auflage. 156 Seiten. 1954. (*1111*)

Mittelhochdeutsche Grammatik von *H. de Boor* und *R. Wisniewski.* 141 Seiten. 1956. (*1108*)

Indogermanisch, Germanisch

Indogermanische Sprachwissenschaft von *H. Krahe.* 2 Bände. 3., neubearbeitete Aufl.
I: Einleitung und Lautlehre. 106 Seiten. 1958. (*59*)
II: Formenlehre. 100 Seiten. 1959. (*64*)

Gotisches Elementarbuch. Grammatik, Texte mit Übersetzung und Erläuterungen mit einer Einleitung von *H. Hempel.* 2., umgearbeitete Aufl. 165 Seiten. 1953. (*79*)

Germanische Sprachwissenschaft von *H. Krahe.* 2 Bände. 3., neubearbeitete Auflage.
I: Einleitung und Lautlehre. 147 Seiten. 1956. (*238*)
II: Formenlehre. 149 Seiten. 1957. (*780*)

Altnordisches Elementarbuch. Schrift, Sprache, Texte mit Übersetzung und Wörterbuch von *F. Ranke.* 2., durchgesehene Auflage. 146 Seiten. 1949. (*1115*)

Englisch, Romanisch

Altenglisches Elementarbuch von *M. Lehnert.* Einführung, Grammatik, Texte mit Übersetzung und Wörterbuch. 4., verbesserte Auflage. 178 Seiten. 1959. (*1125*)

Historische neuenglische Laut- und Formenlehre von *E. Ekwall.* 3., durchgesehene Auflage. 150 Seiten. 1956. (*735*)

Englische Phonetik von *H. Mutschmann* †. 117 Seiten. 1956. (*601*)

Englische Literaturgeschichte von *F. Schubel.* 4 Bände.
I: Die alt- und mittelenglische Periode. 163 Seiten. 1954. (*1114*)
II: Von der Renaissance bis zur Aufklärung. 160 Seiten. 1956. (*1116*)
III: Romantik und Viktorianismus. 1959. In Vorbereitung. (*1124*)

Beowulf von *M. Lehnert*. Eine Auswahl mit Einführung, teilweiser Übersetzung, Anmerkungen und etymologischem Wörterbuch. 3., verbesserte Auflage. 135 Seiten. 1959. (*1135*)

Shakespeare von *P. Meißner* †. 2. Auflage, neubearbeitet von *M. Lehnert*. 136 Seiten. 1954. (*1142*)

Italienische Literaturgeschichte von *K. Voßler* †. Unveränderter Nachdruck der 1927 erschienenen 4., durchgesehenen und verbesserten Auflage. 148 Seiten. 1948. (*125*)

Romanische Sprachwissenschaft von *H. Lausberg*. 2 Bände.
I: Einleitung und Vokalismus. 160 Seiten. 1956. (*128/128a*)
II: Konsonantismus. 95 Seiten. 1956. (*250*)

Griechisch, Lateinisch

Griechische Sprachwissenschaft von *W. Brandenstein*. 2 Bände.
I: Einleitung, Lautsystem, Etymologie. 160 Seiten. 1954. (*117*)
II: Wortbildung und Formenlehre. 192 Seiten. 1959. (*118/118a*)

Geschichte der griechischen Sprache. 2 Bände.
I: Bis zum Ausgang der klassischen Zeit von *O. Hoffmann* †. 3. Auflage bearbeitet von *A. Debrunner* †. 156 Seiten. 1953. (*111*)
II: Grundfragen und Grundzüge des nachklassischen Griechisch von *A. Debrunner* †. 144 Seiten. 1954. (*114*)

Geschichte der lateinischen Sprache von *F. Stolz* †. 3., stark umgearbeitete Auflage von *A. Debrunner* †. 136 Seiten. 1953. (*492*)

Hebräisch, Sanskrit, Russisch

Hebräische Grammatik von *G. Beer* †. 2 Bände. 2., völlig neubearbeitete Auflage von *R. Meyer*.
I: Schrift-, Laut- und Formenlehre I. 157 Seiten. 1952. (*763/763a*)
II: Formenlehre II. Syntax und Flexionstabellen. 195 Seiten. 1955. (*764/764a*)

Hebräisches Textbuch von *R. Meyer*. In Vorbereitung. (*769/769a*)

Sanskrit-Grammatik von *M. Mayrhofer*. 89 Seiten. 1953. (*1158*)

Russische Grammatik von *E. Berneker* †. 6., unveränderte Auflage von *M. Vasmer*. 155 Seiten. 1947. (*66*)

Erd- und Länderkunde

Afrika von *F. Jaeger*. Ein geographischer Überblick. 2 Bände. 2., umgearbeitete Auflage.
I: Der Lebensraum. 179 Seiten, 18 Abbildungen. 1954. (*910*)
II: Mensch und Kultur. 155 Seiten, 6 Abbildungen. 1954. (*911*)

Australien und Ozeanien von *H. J. Krug*. 176 Seiten, 46 Skizzen. 1953. (*319*)

Volkswirtschaft, Statistik, Publizistik

Allgemeine Betriebswirtschaftslehre von *K. Mellerowicz*. 4 Bände. 10., erweiterte und veränderte Auflage.
I: 224 Seiten. 1958. (*1008/1008a*)
II: 188 Seiten. 1959. (*1153/1153a*)
III: 260 Seiten. 1959. (*1154/1154a*)
IV: 209 Seiten. 1959. (*1186/1186a*)
Diese 4 Bände sind auch in Ganzleinen gebunden zum Preise von je DM 6,30 lieferbar.

Allgemeine Volkswirtschaftslehre von *A. Paulsen*. 4 Bände.
I: Grundlegung, Wirtschaftskreislauf. 3., durchgesehene und ergänzte Auflage. 148 Seiten. 1959. (*1169*)
II: Haushalte, Unternehmungen, Marktformen. 2., durchgesehene und ergänzte Auflage. 164 Seiten, 32 Abbildungen. 1958. (*1170*)
III: Produktionsfaktoren, Geldwesen. 184 Seiten. 1959. (*1171*)
IV: Gesamtbeschäftigung, Konjunktur, Wachstum. In Vorbereitung. (*1172*)

Finanzwissenschaft von *H. Kolms*. 4 Bände.
I: Grundlegung. Öffentliche Ausgaben. 160 Seiten. 1959. (*148*)
II: Erwerbseinkünfte, Gebühren und Beiträge; Allgemeine Steuerlehre. 1959. In Vorbereitung. (*391*)
III: Besondere Steuerlehre. In Vorbereitung. (*776*)
IV: Öffentlicher Kredit. Haushaltswesen. Finanzausgleich. In Vorbereitung. (*782*)

Finanzmathematik von *M. Nicolas*. 192 Seiten, 11 Tafeln, 8 Tabellen und 72 Beispiele. 1959. (*1183/1183a*)

Industrie- und Betriebssoziologie von *R. Dahrendorf*. 120 Seiten. 1956. (*103*)

Psychologie des Berufs- und Wirtschaftslebens von *W. Moede* †. 190 Seiten. 48 Abbildungen. 1958. (*851/851a*)

Allgemeine Methodenlehre der Statistik von *J. Pfanzagl*. 2 Bände.
I: 1959. In Vorbereitung. (*746/746a*)

Zeitungslehre von *E. Dovifat*. 2 Bände. 3., neubearbeitete Auflage.
I: Theoretische und rechtliche Grundlagen — Nachricht und Meinung — Sprache und Form. 148 Seiten. 1955. (*1039*)
II: Redaktion — Die Sparten: Verlag und Vertrieb, Wirtschaft und Technik, Sicherung der öffentlichen Aufgabe. 158 Seiten. 1955. (*1040*)

Naturwissenschaften

Mathematik

Geschichte der Mathematik von J. E. Hofmann. 3 Bände.
I: Von den Anfängen bis zum Auftreten von Fermat und Descartes. 200 Seiten. 1953. (*226*)
II: Von Fermat und Descartes bis zur Erfindung des Calculus und bis zum Ausbau der neuen Methoden. 109 Seiten. 1957. (*875*)
III: Von den Auseinandersetzungen um den Calculus bis zur französischen Revolution. 107 Seiten. 1957. (*882*)

NATURWISSENSCHAFTEN

Mathematische Formelsammlung von *F. Ringleb*. Vollständig umgearbeitete Neuausgabe des Werkes von *O. Th. Bürklen* †. 6., erweiterte Auflage. 278 Seiten, 37 Fig. 1956. (*51/51a*)

Fünfstellige Logarithmen von *A. Adler*. Mit mehreren graphischen Rechentafeln und häufig vorkommenden Zahlenwerten. 3. Auflage. 127 Seiten, 1 Tafel. 1959. (*423*)

Arithmetik von *P. B. Fischer* †. 3. Auflage von *H. Rohrbach*. 152 Seiten, 19 Abbildungen. 1958. (*47*)

Höhere Algebra von *H. Hasse*. 2 Bände. 4., durchgesehene Auflage.
I: Lineare Gleichungen. 152 Seiten. 1957. (*931*)
II: Gleichungen höheren Grades. 158 Seiten, 5 Figuren. 1958. (*932*)

Aufgabensammlung zur höheren Algebra von *H. Hasse* und *W. Klobe*. 2., verbesserte und vermehrte Auflage. 181 Seiten. 1952. (*1082*)

Elementare und klassische Algebra vom modernen Standpunkt von *W. Krull*. 2 Bände.
I: 2., erweiterte Auflage. 136 Seiten. 1952. (*930*)
II: 132 Seiten. 1959. (*933*)

Einführung in die Zahlentheorie von *A. Scholz* †. Überarbeitet und herausgegeben von *B. Schoeneberg*. 2. Auflage. 128 Seiten. 1955. (*1131*)

Formale Logik von *P. Lorenzen*. 165 Seiten. 1958. (*1176/1176a*)

Elemente der Funktionentheorie von *K. Knopp* †. 4. Auflage. 144 Seiten, 23 Figuren. 1955. (*1109*)

Funktionentheorie von *K. Knopp* †. 2 Bände.
I: Grundlagen der allgemeinen Theorie der analytischen Funktionen. 9., neubearbeitete Auflage. 144 Seiten, 8 Figuren. 1957. (*668*)
II: Anwendungen und Weiterführung der allgemeinen Theorie. 8./9. Auflage. 130 Seiten, 7 Figuren. 1955. (*703*)

Aufgabensammlung zur Funktionentheorie von *K. Knopp* †. 2 Bände.
I: Aufgaben zur elementaren Funktionentheorie. 5. Auflage. 135 Seiten. 1957. (*877*)
II: Aufgaben zur höheren Funktionentheorie. 5. Auflage. 144 Seiten. 1959. (*878*)

Gewöhnliche Differentialgleichungen von *G. Hoheisel*. 5., durchgesehene Auflage. 129 Seiten. 1956. (*920*)

Partielle Differentialgleichungen von *G. Hoheisel*. 3., neubearbeitete Auflage. 130 Seiten. 1953. (1003)

Aufgabensammlung zu den gewöhnlichen und partiellen Differentialgleichungen von *G. Hoheisel*. 3., durchgesehene und verbesserte Auflage. 124 Seiten. 1958. (*1059*)

Integralgleichungen von *G. Hoheisel*. 2., durchgesehene Auflage. 1959. In Vorbereitg. (*1099*)

Mengenlehre von *E. Kamke*. 3., neubearbeitete Auflage. 194 Seiten, 6 Figuren. 1955. (*999/999a*)

Gruppentheorie von *L. Baumgartner*. 3., neubearbeitete Auflage. 110 Seiten, 3 Tafeln. 1958. (*837*)

Ebene und sphärische Trigonometrie von *G. Hessenberg* †. 5. Auflage, durchgesehen von *H. Kneser*. 172 Seiten, 60 Figuren. 1957. (*99*)

Darstellende Geometrie von *W. Haack*. 3 Bände.
I: Die wichtigsten Darstellungsmethoden. Grund- und Aufriß ebenflächiger Körper. 2., durchgesehene und ergänzte Auflage. 113 Seiten, 120 Abbildungen. 1958. (*142*)
II: Körper mit krummen Begrenzungsflächen. Kotierte Projektionen. 2., durchgesehene und ergänzte Auflage. 129 Seiten, 86 Abbildungen. 1959. (*143*)
III: Axonometrie und Perspektive. 127 Seiten, 100 Abbildungen. 1957. (*144*)

Analytische Geometrie von *K. P. Grotemeyer*. 202 Seiten, 73 Abbildungen. 1958. (*65/65a*)

Nichteuklidische Geometrie. Hyperbolische Geometrie der Ebene von *R. Baldus* †. Durchgesehen und herausgegeben von *F. Löbell*. 3., verbesserte Auflage. 140 Seiten, 70 Figuren. 1953. (*970*)

Differentialgeometrie von *K. Strubecker* (früher *Rothe*). 3 Bände.
I: Kurventheorie der Ebene und des Raumes. 150 Seiten, 18 Figuren. 1955. (*1113/1113a*)
II: Theorie der Flächenmetrik. 195 Seiten, 14 Figuren. 1958. (*1179/1179a*)
III: Theorie der Flächenkrümmung. 254 Seiten, 38 Figuren. 1959. (*1180/1180a*)

Einführung in die konforme Abbildung von *L. Bieberbach*. 5., erweiterte Auflage. 180 Seiten, 42 Figuren. 1956. (*768/768a*)

Vektoren und Matrizen von *S. Valentiner*. 8., erweiterte Auflage der „Vektoranalysis". Mit Anhang: Aufgaben zur Vektorrechnung von *H. König*. 202 Seiten, 35 Figuren. 1958. (*354/354a*)

Versicherungsmathematik von *F. Böhm*. 2 Bände.
I: Elemente der Versicherungsrechnung. 3., vermehrte und verbesserte Auflage. Durchgesehener Neudruck. 151 Seiten. 1953. (*180*)
II: Lebensversicherungsmathematik. Einführung in die technischen Grundlagen der Sozialversicherung. 2., verbesserte und vermehrte Auflage. 205 Seiten. 1953. (*917/917a*)

Finanzmathematik von *M. Nicolas*. 192 Seiten, 11 Tafeln, 8 Tabellen und 72 Beispiele. 1959. (*1183/1183a*)

Physik

Einführung in die theoretische Physik von *W. Döring*. 5 Bände.
I: Mechanik. 119 Seiten, 29 Abbildungen. 1954. (*76*)
II: Das elektromagnetische Feld. 122 Seiten, 15 Abbildungen. 1955. (*77*)
III: Optik. 117 Seiten, 32 Abbildungen. 1956. (*78*)
IV: Thermodynamik. 107 Seiten, 9 Abbildungen. 1956. (*374*)
V: Statistische Mechanik. 114 Seiten, 12 Abbildungen. 1957. (*1017*)

Atomphysik von *K. Bechert* und *Ch. Gerthsen* †. 7 Bände.
I: Allgemeine Grundlagen. 1. Teil. 4., durchgesehene Auflage von *A. Flammersfeld*. 124 Seiten, 35 Abbildungen. 1959. (*1009*)
II: Allgemeine Grundlagen. 2. Teil. 3., umgearbeitete Auflage. 112 Seiten, 48 Abbildungen. 1955. (*1033*)
III: Theorie des Atombaus. 1. Teil. 3., umgearbeitete Auflage. 148 Seiten, 16 Abbildungen. 1954. (*1123/1123a*)
IV: Theorie des Atombaus. 2. Teil. 3., umgearbeitete Auflage. 170 Seiten, 14 Abbildungen. 1954. (*1165/1165a*)

Differentialgleichungen der Physik von *F. Sauter*. 3., durchgesehene und ergänzte Auflage. 148 Seiten, 16 Figuren. 1958. (*1070*)

Physikalische Formelsammlung von *G. Mahler* †. Neubearbeitet von *K. Mahler*. 10., durchgesehene Auflage. 153 Seiten, 69 Figuren. 1959. (*136*)

Physikalische Aufgabensammlung von *G. Mahler* †. Neubearbeitet von *K. Mahler*. Mit den Ergebnissen. 10., durchgesehene Auflage. 127 Seiten. 1959. (*243*)

Chemie

Geschichte der Chemie in kurzgefaßter Darstellung von *G. Lockemann*. 2 Bände.
I: Vom Altertum bis zur Entdeckung des Sauerstoffs. 142 Seiten, 8 Bildnisse. 1950. (*264*)
II: Von der Entdeckung des Sauerstoffs bis zur Gegenwart. 151 Seiten, 16 Bildnisse. 1955. (*265/265a*)

Anorganische Chemie von *W. Klemm*. 10., überarbeitete und ergänzte Auflage. 185 Seiten, 18 Abbildungen. 1958. (*37*)

Organische Chemie von *W. Schlenk*. 7., erweiterte Auflage. 269 Seiten, 16 Abbildungen. 1957. (*38/38a*)

Physikalische Methoden der Organischen Chemie von *G. Kresze*. 1959. In Vorbereitung. (*44*)

Allgemeine und physikalische Chemie von *W. Schulze*. 2 Bände. 4., neubearb. Aufl.
I: 139 Seiten, 10 Figuren. 1955. (*71*)
II: 176 Seiten, 37 Figuren. 1956. (*698/698a*)

Molekülbau. Theoretische Grundlagen und Methoden der Strukturermittlung von *W. Schulze*. 123 Seiten, 43 Figuren. 1958. (*786*)

Physikalisch-chemische Rechenaufgaben von *E. Asmus*. 3., verbesserte Auflage. 96 Seiten. 1958. (*445*)

Analytische Chemie von *J. Hoppe*. 2 Bände. 5., verbesserte Auflage.
I: Reaktionen. 135 Seiten. 1950. (*247*)

Maßanalyse. Theorie und Praxis der klassischen und der elektrochemischen Titrierverfahren von *G. Jander* und *K. F. Jahr*. 8., durchgesehene und ergänzte Auflage. 313 Seiten, 49 Figuren. 1959. (*221/221a*)

Thermochemie von *W. A. Roth* †. 2., verbesserte Auflage. 109 Seiten, 16 Figuren. 1952. (*1057*)

Stöchiometrische Aufgabensammlung von *W. Bahrdt* † und *R. Scheer*. Mit den Ergebnissen. 6., durchgesehene Auflage. 118 Seiten. 1957. (*452*)

Technologie

Die Chemie der Kunststoffe von *K. Hamann*. 1959. In Vorbereitung. (*1173*)

Warenkunde von *K. Hassak* † und *E. Beutel* †. 2 Bände.
I: Anorganische Waren sowie Kohle und Erdöl. 8. Auflage. Neubearbeitet von *A. Kutzelnigg*. 119 Seiten, 18 Figuren. 1958. (*222*)
II: Organische Waren. 7. Auflage. Neubearbeitet von *A. Kutzelnigg*. 143 Seiten, 32 Figuren. 1949. (*223*)

Die Fette und Öle von *K. Braun* †. 5., völlig neubearbeitete und verbesserte Auflage von *Th. Klug*. 145 Seiten. 1950. (*335*)

Die Seifenfabrikation von *K. Braun* †. 3., neubearbeitete und verbesserte Auflage von *Th. Klug*. 116 Seiten, 18 Abbildungen. 1953. (*336*)

Textilindustrie von *A. Blümcke*.
I: Spinnerei und Zwirnerei. 111 Seiten, 43 Abbildungen. 1954. (*184*)

Biologie

Einführung in die allgemeine Biologie und ihre philosophischen Grund- und Grenzfragen von *M. Hartmann*. 132 Seiten, 2 Abbildungen. 1956. (*96*)

Hormone von *G. Koller*. 2., neubearbeitete und erweiterte Auflage. 187 Seiten, 60 Abbildungen, 19 Tabellen. 1949. (*1141*)

Fortpflanzung im Tier- und Pflanzenreich von *J. Hämmerling*. 2., ergänzte Auflage. 135 Seiten, 101 Abbildungen. 1951. (*1138*)

Geschlecht und Geschlechtsbestimmung im Tier- und Pflanzenreich von *M. Hartmann*. 2., verbesserte Auflage. 116 Seiten, 61 Abbildungen, 7 Tabellen. 1951. (*1127*)

Symbiose der Tiere mit pflanzlichen Mikroorganismen von *P. Buchner*. 2., verbesserte und vermehrte Auflage. 130 Seiten, 121 Abbildungen. 1949. (*1128*)

Mikrobiologie von *W. Schwartz* und *A. Müller*. 2 Bände. 2., verbesserte und ergänzte Auflage.
I: 1959. In Vorbereitung. (*1155*)

Botanik

Entwicklungsgeschichte des Pflanzenreiches von *H. Heil*. 2. Auflage. 138 Seiten, 94 Abbildungen, 1 Tabelle. 1950. (*1137*)

Morphologie der Pflanzen von *L. Geitler*. 3., umgearbeitete Auflage. 126 Seiten, 114 Abbildungen. 1953. (*141*)

Pflanzengeographie von *L. Diels* †. 5., völlig neubearbeitete Auflage von *F. Mattick*. 195 Seiten, 2 Karten. 1958. (*389/389a*)

Die Laubhölzer. Kurzgefaßte Beschreibung der in Mitteleuropa gedeihenden Laubbäume und Sträucher von *F. W. Neger* † und *E. Münch* †. 3., durchgesehene Auflage, herausgegeben von *B. Huber*. 143 Seiten, 63 Figuren, 7 Tabellen. 1950. (*718*)

Die Nadelhölzer (Koniferen) und übrigen Gymnospermen von *F. W. Neger* † und *E. Münch* †. 4. Auflage, durchgesehen und ergänzt von *B. Huber*. 140 Seiten, 75 Figuren, 4 Tabellen, 3 Karten. 1952. (*355*)

Pflanzenzüchtung von *H. Kuckuck*. 2 Bände.
I: Grundzüge der Pflanzenzüchtung. 3., völlig umgearbeitete und erweiterte Auflage. 132 Seiten, 22 Abbildungen. 1952. (*1134*)
II: Spezielle gartenbauliche Pflanzenzüchtung (Züchtung von Gemüse, Obst und Blumen). 178 Seiten, 27 Abbildungen. 1957. (*1178/1178a*)

Zoologie

Entwicklungsphysiologie der Tiere von *F. Seidel.* 2 Bände.
I: Ei und Furchung. 126 Seiten, 29 Abbildungen. 1953. *(1162)*
II: Körpergrundgestalt und Organbildung. 159 Seiten, 42 Abbildungen. 1953. *(1163)*

Das Tierreich
I: Einzeller, Protozoen von *E. Reichenow.* 115 Seiten, 59 Abbildungen. 1956. *(444)*
II: Schwämme und Hohltiere von *H. J. Hannemann.* 95 Seiten, 80 Abbildungen. 1956. *(442)*
III: Würmer. Platt-, Hohl-, Schnurwürmer, Kamptozoen, Ringelwürmer, Protracheaten, Bärtierchen, Zungenwürmer von *S. Jaeckel.* 114 Seiten, 36 Abbildungen. 1955. *(439)*
IV,1: Krebse von *H. E. Gruner* und *K. Deckert.* 114 Seiten, 43 Abbildungen. 1956. *(443)*
IV,2: Spinnentiere (Trilobitomorphen, Fühlerlose) und Tausendfüßler von *A. Kaestner.* 96 Seiten, 55 Abbildungen. 1955. *(1161)*
IV,3: Insekten von *H. von Lengerken.* 128 Seiten, 58 Abbildungen. 1953. *(594)*
V: Weichtiere. Urmollusken, Schnecken, Muscheln und Kopffüßer von *S. Jaeckel.* 92 Seiten, 34 Abbildungen. 1954. *(440)*
VI: Stachelhäuter. Tentakulaten, Binnenatmer und Pfeilwürmer von *S. Jaeckel.* 100 Seiten, 46 Abbildungen. 1955. *(441)*
VII,2: Fische von *D. Lüdemann.* 130 Seiten, 65 Abbildungen. 1955. *(356)*
VII,3: Lurche (Chordatiere) von *K. Herter.* 143 Seiten, 129 Abbildungen. 1955. *(847)*
VII,4: Kriechtiere (Chordatiere) von *K. Herter.* In Vorbereitung. *(447)*
VII,5: Vögel (Chordatiere) von *H.-A. Freye.* In Vorbereitung. *(869)*
VII,6: Säugetiere (Chordatiere) von *Th. Haltenorth.* In Vorbereitung. *(282)*

Land- und Forstwirtschaft

Landwirtschaftliche Tierzucht. Die Züchtung und Haltung der landwirtschaftlichen Nutztiere von *H. Vogel.* 139 Seiten, 11 Abbildungen. 1952. *(228)*

Kulturtechnische Bodenverbesserungen von *O. Fauser.* 2 Bände.
I: Allgemeines, Entwässerung. 5., verbesserte und vermehrte Auflage. 127 Seiten, 49 Abbildungen. 1959. *(691)*
II: Bewässerung, Ödlandkultur, Umlegung. 4., neubearbeitete Auflage. 150 Seiten, 67 Abbildungen. 1948. *(692)*

Agrikulturchemie von *K. Scharrer.* 2 Bände.
I: Pflanzenernährung. 143 Seiten. 1953. *(329)*
II: Futtermittelkunde. 192 Seiten. 1956. *(330/330a)*

Geologie, Mineralogie, Kristallographie

Geologie von *F. Lotze.* 176 Seiten, 80 Abbildungen. 1955. *(13)*

Mineral- und Erzlagerstättenkunde von *H. Huttenlocher* †. 2 Bände.
I: 128 Seiten, 34 Abbildungen. 1954. *(1014)*
II: 156 Seiten, 48 Abbildungen. 1954. *(1015/1015a)*

Allgemeine Mineralogie. 10., erweiterte Auflage der „Mineralogie" von *R. Brauns* †, bearbeitet von *K. F. Chudoba*. 120 Seiten, 120 Figuren, 1 Tafel, 3 Tabellen. 1958. (*29*)

Spezielle Mineralogie. 9., erweiterte Auflage der „Mineralogie" von *R. Brauns* †, bearbeitet von *K. F. Chudoba*. 133 Seiten, 105 Figuren. 1955. (*31*)

Petrographie (Gesteinskunde) von *W. Bruhns* †. Neubearbeitet von *P. Ramdohr*. 4., durchgesehene Auflage. 104 Seiten, 10 Figuren. 1955. (*173*)

Kristallographie von *W. Bruhns* †. 5. Auflage, neubearbeitet von *P. Ramdohr*. 109 Seiten, 164 Abbildungen. 1958. (*210*)

Einführung in die Kristalloptik von *E. Buchwald*. 4., verbesserte Auflage. 138 Seiten, 121 Figuren. 1952. (*619*)

Lötrohrprobierkunde. Mineraldiagnose mit Lötrohr- und Tüpfelreaktion. Von *M. Henglein*. 3., verbesserte Auflage. 91 Seiten, 11 Figuren. 1949. (*483*)

Technik

Graphische Darstellung in Wissenschaft und Technik von *M. Pirani*. 3., erweiterte Auflage bearbeitet von *J. Fischer* unter Benutzung der von *I. Runge* besorgten 2. Auflage. 216 Seiten, 104 Abbildungen. 1957. (*728/728a*)

Technische Tabellen und Formeln von *W. Müller*. 4., verbesserte und erweiterte Auflage von *E. Schulze*. 152 Seiten, 105 Figuren. 1951. (*579*)

Elektrotechnik

Grundlagen der allgemeinen Elektrotechnik von *O. Mohr*. 3 Bände.
- I: Die drei Feldformen. 96 Seiten, 41 Abbildungen, 6 Tafeln. 1956. (*196*)
- II: Die wichtigsten elektrischen und physikalischen Grunderscheinungen. 95 Seiten, 36 Abbildungen, 7 Tafeln. 1956. (*197*)
- III: Schaltvorgänge, Widerstandsformen, Meßtechnik. 91 Seiten, 59 Abbildungen, 1 Tafel. 1956. (*198*)

Die Gleichstrommaschine von *K. Humburg*. 2 Bände. 2., durchgesehene Auflage.
- I: 102 Seiten, 59 Abbildungen. 1956. (*257*)
- II: 101 Seiten, 38 Abbildungen. 1956. (*881*)

Die synchrone Maschine von *K. Humburg*. Neudruck. 109 Seiten, 78 Abbildungen. 1951. (*1146*)

Induktionsmaschinen von *F. Unger*. 2., erweiterte Auflage. 142 Seiten, 49 Abbildungen. 1954. (*1140*)

Die komplexe Berechnung von Wechselstromschaltungen von *H. H. Meinke*. 2. Auflage. 180 Seiten, 120 Abbildungen. 1957. (*1156/1156a*)

Theoretische Grundlagen zur Berechnung der Schaltgeräte von *F. Kesselring*. 3. Auflage. 144 Seiten, 92 Abbildungen. 1950. (*711*)

Einführung in die Technik selbsttätiger Regelungen von *W. zur Megede*. 176 Seiten, 86 Abbildungen. 1956. (*714/714a*)

Elektromotorische Antriebe (Grundlagen für die Berechnung) von *A. Schwaiger*. 3., neubearbeitete Auflage. 96 Seiten, 34 Abbildungen. 1952. (*827*)

Überspannungen und Überspannungsschutz von *G. Frühauf*. Durchgesehener Neudruck. 122 Seiten, 98 Abbildungen. 1950. (*1132*)

Maschinenbau

Metallkunde von *H. Borchers*. 2 Bände. 4. Auflage.
I: Aufbau der Metalle und Legierungen. 120 Seiten, 90 Abbildungen, 2 Tabellen. 1959. (*432*)
II: Eigenschaften, Grundzüge der Form- und Zustandsgebung. 180 Seiten, 107 Abbildungen, 10 Tabellen. 1959. (*433/433a*)

Die Werkstoffe des Maschinenbaues von *A. Thum* † und *C. M. v. Meysenbug*. 2 Bände.
I: Einführung in die Werkstoffprüfung. 2., neubearbeitete Auflage. 100 Seiten, 7 Tabellen, 56 Abbildungen. 1956. (*476*)
II: Die Konstruktionswerkstoffe. 132 Seiten, 40 Abbildungen. 1959. (*936*)

Dynamik von *W. Müller*. 2 Bände. 2., verbesserte Auflage.
I: Dynamik des Einzelkörpers. 128 Seiten, 48 Figuren. 1952. (*902*)
II: Systeme von starren Körpern. 102 Seiten, 41 Figuren. 1952. (*903*)

Technische Schwingungslehre von *L. Zipperer*. 2 Bände. 2., neubearbeitete Auflage.
I: Allgemeine Schwingungsgleichungen, einfache Schwinger. 120 Seiten, 101 Abbildungen. 1953. (*953*)
II: Torsionsschwingungen in Maschinenanlagen. 102 Seiten, 59 Abbildungen. 1955. (*961/961a*)

Werkzeugmaschinen für Metallbearbeitung von *K. P. Matthes*. 2 Bände.
I: 100 Seiten, 27 Abbildungen, 11 Zahlentafeln, 1 Tafelanhang. 1954. (*561*)
II: Fertigungstechnische Grundlagen der neuzeitlichen Metallbearbeitung. 101 Seiten, 30 Abbildungen, 5 Tafeln. 1955. (*562*)

Transformatoren von *W. Schäfer*. 3., überarbeitete und ergänzte Auflage. 130 Seiten, 73 Abbildungen. 1957. (*952*)

Das Maschinenzeichnen mit Einführung in das Konstruieren von *W. Tochtermann*. 2 Bände. 4. Auflage.
I: Das Maschinenzeichnen. 156 Seiten, 75 Tafeln. 1950. (*589*)
II: Ausgeführte Konstruktionsbeispiele. 130 Seiten, 58 Tafeln. 1950. (*590*)

Die Maschinenelemente von *E. A. vom Ende*. 3., verbesserte Auflage. 166 Seiten, 175 Figuren, 9 Tafeln. 1956. (*3/3a*)

Die Maschinen der Eisenhüttenwerke von *L. Engel*. 156 Seiten, 95 Abbildungen. 1957. (*583/583a*)

Walzwerke von *H. Sedlaczek* † unter Mitarbeit von *F. Fischer* und *M. Buch*. 232 Seiten, 157 Abbildungen. 1958. (*580/580a*)

Getriebelehre von *P. Grodzinski* †. 2 Bände. 2., neubearbeitete Auflage.
I: Geometrische Grundlagen. 159 Seiten, 142 Figuren. 1953. (*1061*)

Gießereitechnik von *H. Jungbluth*. 2 Bände.
I: Eisengießerei. 126 Seiten, 44 Abbildungen. 1951. (*1159*)

Die Dampfkessel und Feuerungen einschließlich Hilfseinrichtungen in Theorie, Konstruktion und Berechnung von *W. Marcard* †. 2 Bände. 2. Auflage, neubearbeitet von *K. Beck*.
I: Die theoretischen Grundlagen, Wärme, Verbrennung, Wärmeübertragung. 150 Seiten, 42 Abbildungen, 16 Tabellen. 1951. (*9*)
II: Dampfkessel. 147 Seiten, 43 Abbildungen. 1952. (*521*)

Die Dampfturbinen. Ihre Wirkungsweise, Berechnung und Konstruktion von *C. Zietemann*. 3 Bände. 3., verbesserte Auflage.
I: Theorie der Dampfturbinen. 139 Seiten, 48 Abbildungen. 1955. (*274*)
II: Die Berechnung der Dampfturbinen und die Konstruktion der Einzelteile. 132 Seiten, 111 Abbildungen. 1956. (*715*)
III: Die Regelung der Dampfturbinen, die Bauarten, Turbinen für Sonderzwecke, Kondensationsanlagen. 126 Seiten, 90 Abbildungen. 1956. (*716*)

Verbrennungsmotoren von *W. Endres*. 3 Bände.
I: Überblick. Motor-Brennstoffe. Verbrennung im Motor allgemein, im Otto- und Diesel-Motor. 153 Seiten, 57 Abbildungen. 1958. (*1076/1076a*)
II: Die heutigen Typen der Verbrennungskraftmaschinen. In Vorbereitung. (*1184*)
III: Die Einzelteile des Verbrennungsmotors. In Vorbereitung. (*1185*)

Technische Thermodynamik von *W. Nußelt* †. 2 Bände.
I: Grundlagen. 4., verbesserte Auflage. 144 Seiten, 71 Abbildungen. 1956. (*1084*)
II: Theorie der Wärmekraftmaschinen. 5. Auflage. 1959. In Vorbereitung. (*1151*)

Autogenes Schweißen und Schneiden von *H. Niese*. 5. Auflage, neubearbeitet von *A. Küchler*. 136 Seiten, 71 Figuren. 1953. (*499*)

Die elektrischen Schweißverfahren von *H. Niese*. 2. Auflage, neubearbeitet von *H. Dienst*. 136 Seiten, 58 Abbildungen. 1955. (*1020*)

Die Hebezeuge. Entwurf von Winden und Kranen von *G. Tafel*. 2., verbesserte Auflage. 176 Seiten, 230 Figuren. 1954. (*414/414a*)

Wasserbau

Wasserkraftanlagen von *A. Ludin* unter Mitarbeit von *W. Borkenstein*. 2 Bände.
I: Planung, Grundlagen und Grundzüge. 124 Seiten, 60 Abb. 1955. (*665*)
II: Anordnung und Ausbildung der Hauptbauwerke. 184 Seiten, 91 Abbildungen. 1958. (*666/666a*)

Verkehrswasserbau von *H. Dehnert*. 3 Bände.
I: Entwurfsgrundlagen, Flußregelungen. 103 Seiten, 52 Abbildungen. 1950. (*585*)
II: Flußkanalisierung und Schiffahrtskanäle. 94 Seiten, 60 Abbildungen. 1950. (*597*)
III: Schleusen und Hebewerke. 98 Seiten, 70 Abbildungen. 1950. (*1152*)

Wehr- und Stauanlagen von *H. Dehnert*. 134 Seiten, 90 Abbildungen. 1952. (*965*)

Talsperren von *F. Tölke*. 122 Seiten, 70 Abbildungen. 1953. (*1044*)

Hoch- und Tiefbau

Die wichtigsten Baustoffe des Hoch- und Tiefbaus von *O. Graf* †. 4., verbesserte Auflage. 131 Seiten, 63 Abbildungen. 1953. *(984)*

Baustoffverarbeitung und Baustellenprüfung des Betons von *A. Kleinlogel.* 2., neubearbeitete und erweiterte Auflage. 126 Seiten, 35 Abbildungen. 1951. *(978)*

Festigkeitslehre. 2 Bände.
I: Elastizität, Plastizität und Festigkeit der Baustoffe und Bauteile von *W. Gehler* † und *W. Herberg.* Durchgesehener und erweiterter Neudruck. 159 Seiten, 118 Abbildungen. 1952. *(1144)*
II: Formänderung, Platten, Stabilität und Bruchhypothesen von *W. Herberg* und *N. Dimitrov.* 187 Seiten, 94 Abbildungen. 1955. *(1145/1145a)*

Grundlagen des Stahlbetonbaus von *A. Troche.* 2., neubearbeitete und erweiterte Auflage. 208 Seiten, 75 Abbildungen, 17 Bemessungstafeln, 20 Rechenbeispiele. 1953. *(1078)*

Statik der Baukonstruktionen von *A. Teichmann.* 3 Bände.
I: Grundlagen. 101 Seiten, 51 Abbildungen, 8 Formeltafeln. 1956. *(119)*
II: Statisch bestimmte Stabwerke. 107 Seiten, 52 Abbildungen, 7 Tafeln. 1957. *(120)*
III: Statisch unbestimmte Systeme. 112 Seiten, 34 Abbildungen, 7 Formeltafeln. 1958. *(122)*

Fenster, Türen, Tore aus Holz und Metall. Eine Anleitung zu ihrer guten Gestaltung, wirtschaftlichen Bemessung und handwerksgerechten Konstruktion von *W. Wickop* †. 4., überarbeitete und ergänzte Auflage. 155 Seiten, 95 Abbildungen. 1955. *(1092)*

Heizung und Lüftung von *J. Körting* † und *W. Körting.* 2 Bände. 9., durchgesehene Auflage.
I: Das Wesen und die Berechnung der Heizungs- und Lüftungsanlagen. 1959. In Vorbereitung. *(342)*
II: Die Ausführung der Heizungs- und Lüftungsanlagen. 1959. In Vorbereitung. *(343)*

Industrielle Kraft- und Wärmewirtschaft von *F. A. F. Schmidt* und *A. Beckers.* 167 Seiten, 73 Abbildungen. 1957. *(318/318a)*

Vermessungswesen

Photogrammetrie von *G. Lehmann.* 1959. In Vorbereitung. *(1188/1188a)*

Vermessungskunde von *P. Werkmeister.* 3 Bände.
I: Stückvermessung und Nivellieren. 10., völlig neubearbeitete Auflage von *W. Großmann.* 143 Seiten, 117 Figuren. 1958. *(468)*
II: Horizontalaufnahmen und ebene Rechnungen. 8., völlig neubearbeitete Auflage von *W. Grossmann.* 133 Seiten, 97 Figuren. 1949. *(469)*
III: Trigonometrische und barometrische Höhenmessung. Tachymetrie und Topographie. 6. Auflage. 147 Seiten, 64 Figuren. 1949. *(862)*

Sammlung Göschen / Bandnummernfolge

1 Langosch, Der Nibelunge Nôt
3/3a v. Ende, Die Maschinenelemente
9 Marcard-Beck, Dampfkessel I
10 Jiriczek-Wisniewski, Kudrun- und Dietrich-Epen
13 Lotze, Geologie
18 Maurer, Hartmann von Aue
19 Altheim, Römische Geschichte I
20 Hofstaetter-Spree, Dt. Sprachlehre
22 Maurer, Gottfried von Strassburg
29 Brauns-Chudoba, Allg. Mineralogie
31 Brauns-Chudoba, Spez. Mineralogie
35 Treue, Dt. Geschichte von 1648 bis 1740
37 Klemm, Anorganische Chemie
38/38a Schlenk, Organische Chemie
39 Treue, Dt. Geschichte von 1713 bis 1806
42 Behn, Vorgeschichte Europas
44 Kresze, Physikalische Methoden der organischen Chemie
47 Fischer-Rohrbach, Arithmetik
51/51a Ringleb-Bürklen, Mathematische Formelsammlung
59 Krahe, Indogerm Sprachwissensch. I
60 Biehle, Stimmkunde
61 Biehle, Redetechnik
64 Krahe. Indogerm. Sprachwissensch. II
65/65a Grotemeyer, Analyt. Geometrie
66 Berneker-Vasmer, Russische Grammatik
71 Schulze, Allgemeine und physikalische Chemie I
76 Döring, Einführung in die theoret. Physik I
77 Döring, Einführung in die theoret. Physik II
78 Döring, Einführung in die theoret. Physik III
79 Hempel, Gotisches Elementarbuch
80 Weigert, Stilkunde I
96 Hartmann, Einf. i. d. allgem. Biologie
99 Hessenberg-Kneser, Ebene und sphär. Trigonometrie
101 v. Wiese, Soziologie
103 Dahrendorf, Industrie- und Betriebssoziologie
104/104a Hofstätter, Sozialpsychologie
111 Hoffmann-Debrunner, Gesch. der griechischen Sprache I
114 Debrunner, Gesch. der griechischen Sprache II
117 Brandenstein, Griechische Sprachwissenschaft I
118/118a Brandenstein, Griechische Sprachwissenschaft II
119 Teichmann, Statik der Baukonstruktionen I
120 Teichmann, Statik der Baukonstruktionen II
122 Teichmann, Statik der Baukonstruktionen III
125 Vossler, Ital. Literaturgeschichte
128/128a Lausberg, Romanische Sprachwissenschaft I
136 Mahler, Physikalische Formelsammlung
141 Geitler, Morphol. der Pflanzen
142 Haack, Darst. Geometrie I
143 Haack, Darst. Geometrie II
144 Haack, Darst. Geometrie III
145 Weimer, Gesch. der Pädagogik
148 Kolms, Finanzwissenschaft I
156/156a Landmann, Philosophische Anthropologie
170 Oehlmann, Musik des 19. Jahrh.
171/171a Oehlmann, Musik des 20. Jahrh.
173 Bruhns-Ramdohr, Petrographie
180 Böhm, Versicherungsmathematik I
184 Blümcke, Textilindustrie I
196 Mohr, Grundlagen der Elektrotechnik I
197 Mohr, Grundlagen der Elektrotechnik II
198 Mohr, Grundlagen der Elektrotechnik III
200/200a Gottschald, Dt. Rechtschreibungswörterbuch
210 Bruhns-Ramdohr, Kristallographie
220/220a Moser, Allgem. Musiklehre
221/221a Jander-Jahr, Maßanalyse
222 Hassak-Beutel, Warenkunde I
223 Hassak-Beutel, Warenkunde II
226 Hofmann, Geschichte d. Mathematik I
228 Vogel, Landw. Tierzucht
231/231a Ehrlich, Geschichte Israels
238 Krahe, German. Sprachwiss. I
243 Mahler, Physikal. Aufgabensammlung
247 Hoppe, Analytische Chemie I

BANDNUMMERNFOLGE

250 Lausberg, Romanisch. Sprachwissenschaft II
257 Humburg, Gleichstrommaschine I
264 Lockemann, Geschichte der Chemie I
265/265a Lockemann, Geschichte der Chemie II
270 Kirn, Einführung in die Geschichtswissenschaft
274 Zietemann, Dampfturbinen I
279 Jacob, Quellenkunde der deutschen Geschichte I
280 Jacob-Hohenleutner, Quellenkunde der deutschen Geschichte II
281 Leisegang, Einführung in die Philosophie
282 Haltenorth, Säugetiere
284 Jacob-Weden, Quellenkunde der deutschen Geschichte III
318/318a Schmidt-Beckers, Industrielle Kraft- und Wärmewirtschaft
319 Krug, Australien und Ozeanien
329 Scharrer, Agrikulturchemie I
330/330a Scharrer, Agrikulturchemie II
335 Braun-Klug, Fette und Öle
336 Braun-Klug, Seifenfabrikation
342 Körting, Heizung und Lüftung I
343 Körting, Heizung und Lüftung II
344 Moser, Musikästhetik
354/354a Valentiner-König, Vektoren und Matrizen
355 Neger-Münch, Nadelhölzer
356 Lüdemann, Fische
374 Döring, Einführung in die theoret. Physik IV
375 Preller, Geschichte Englands I
389/389a Diels-Mattick, Pflanzengeographie
391 Kolms, Finanzwissenschaft II
394/394a Schilling, Von der Renaissance bis Kant
414/414a Tafel, Hebezeuge
422 Gottschald, Deutsche Personennamen
423 Adler, Fünfstellige Logarithmen
432 Borchers, Metallkunde I
433/433a Borchers, Metallkunde II
439 Jaeckel, Würmer
440 Jaeckel, Weichtiere
441 Jaeckel, Stachelhäuter
442 Hannemann, Schwämme und Hohltiere
443 Gruner-Deckert, Krebse
444 Reichenow, Einzeller
445 Asmus, Physikal.-chem. Rechenaufgaben
447 Herter, Kriechtiere
452 Bahrdt-Scheer, Stöchiometrische Aufgabensammlung
468 Werkmeister-Grossmann, Vermessungskunde I
469 Werkmeister-Grossmann, Vermessungskunde II
476 Thum-Meysenbug, Die Werkstoffe des Maschinenbaues I
483 Henglein, Lötrohrprobierkunde
492 Stolz-Debrunner, Geschichte der lateinischen Sprache
499 Niese-Küchler, Autogenes Schweißen
500 Simmel, Hauptprobleme der Philosophie
521 Marcard-Beck, Dampfkessel II
536 Lehmann, Kant
538 Rumpf, Archäologie I
539 Rumpf, Archäologie II
561 Matthes, Werkzeugmaschinen I
562 Matthes, Werkzeugmaschinen II
564 Behn, Kultur der Urzeit I
565 Behn, Kultur der Urzeit II
566 Behn, Kultur der Urzeit III
571 Lehmann, Philosophie des 19. Jahrhunderts I
576/576a Moser, Gesangskunst
579 Müller-Schulze, Techn. Tabellen
580/580a Sedlaczek-Fischer-Buch, Walzwerke
583/583a Engel, Maschinen der Eisenhüttenwerke
585 Dehnert, Verkehrswasserbau I
589 Tochtermann, Maschinenzeichnen I
590 Tochtermann, Maschinenzeichnen II
594 v. Lengerken, Insekten
597 Dehnert, Verkehrswasserbau II
601 Mutschmann, Engl. Phonetik
619 Buchwald, Kristalloptik
665 Ludin-Borkenstein, Wasserkraftanlagen I
666/666a Ludin-Borkenstein, Wasserkraftanlagen II
668 Knopp, Funktionentheorie I
677 Altheim, Römische Geschichte II
679 Altheim, Römische Geschichte III
684 Altheim, Römische Geschichte IV
691 Fauser, Kulturtechn. Bodenverbesserungen I

692 Fauser, Kulturtechn. Bodenverbesserungen II
698/698a Schulze, Allgemeine und physikalische Chemie II
703 Knopp, Funktionentheorie II
709 Lehmann, Philosophie des 19. Jahrhunderts II
711 Kesselring, Berechnung der Schaltgeräte
714/714a zur Megede, Technik selbsttätiger Regelungen
715 Zietemann, Dampfturbinen II
716 Zietemann, Dampfturbinen III
718 Neger-Münch, Laubhölzer
728/728a Pirani-Fischer, Graph. Darstellung in Wissenschaft und Technik
735 Ekwall, Historische neuengl. Laut- und Formenlehre
746/746a Pfanzagl, Allg. Methodenlehre der Statistik I
763/763a Beer-Meyer, Hebräische Grammatik I
764/764a Beer-Meyer, Hebräische Grammatik II
768/768a Bieberbach, Einführung in die konforme Abbildung
769/769a Meyer, Hebräisches Textbuch
776 Kolms, Finanzwissenschaft III
780 Krahe, German. Sprachwiss. II
781 Weigert, Stilkunde II
782 Kolms, Finanzwissenschaft IV
786 Schulze, Molekülbau
807 Kropp, Erkenntnistheorie I
809 Moser, Harmonielehre I
826 Koch, Philosophie des Mittelalters
827 Schwaiger Elektromotorische Antriebe
831 Erismann, Allgemeine Psychologie I
832/832a Erismann, Allgemeine Psychologie II
833 Erismann, Allgemeine Psychologie III
837 Baumgartner, Gruppentheorie
845 Lehmann, Philosophie im ersten Drittel des 20. Jahrhunderts I
847 Herter, Lurche
851/851a Moede, Psychologie des Berufs- und Wirtschaftslebens
857 Capelle, Griech. Philosophie I
858 Capelle, Griech. Philosophie II
859 Capelle, Griech. Philosophie III
862 Werkmeister, Vermessungskunde III
683 Capelle, Griech. Philosophie IV
869 Freye, Vögel
875 Hofmann, Geschichte der Mathematik II
877 Knopp, Aufgabensammlung zur Funktionentheorie I
878 Knopp, Aufgabensammlung zur Funktionentheorie II
881 Humburg, Gleichstrommaschine II
882 Hofmann, Geschichte der Mathematik III
893 Treue, Dt. Geschichte von 1807 bis 1871
894 Treue, Dt. Geschichte von 1871 bis zur Gegenwart
902 Müller, Dynamik I
903 Müller, Dynamik II
910 Jaeger, Afrika I
911 Jaeger, Afrika II
915 Sperber-Fleischhauer, Geschichte der Deutschen Sprache
917/917a Böhm, Versicherungsmathematik II
920 Hoheisel, Gewöhnliche Differentialgleichungen
921 Jantzen-Kolb, W. v. Eschenbach. Parzival
929 Schirmer, Deutsche Wortkunde
930 Krull, Elementare und klassische Algebra I
931 Hasse, Höhere Algebra I
932 Hasse, Höhere Algebra II
933 Krull, Elementare und klassische Algebra II
936 Thum-Meysenbug, Werkstoffe des Maschinenbaues II
952 Schäfer, Transformatoren
953 Zipperer, Techn. Schwingungslehre I
961/961a Zipperer, Techn. Schwingungslehre II
965 Dehnert, Wehr- und Stauanlagen
970 Baldus-Löbell, Nichteuklidische Geometrie
978 Kleinlogel, Baustoffverarbeitung und Baustellenprüfung des Betons
984 Graf, Baustoffe des Hoch- und Tiefbaues
999/999a Kamke, Mengenlehre
1000 Jaspers, Geistige Situation der Zeit
1003 Hoheisel, Partielle Differentialgleichungen
1008/1008a Mellerowicz, Allgemeine Betriebswirtschaftslehre I

BANDNUMMERNFOLGE

1009 Bechert-Gerthsen, Atomphysik I
1014 Huttenlocher, Mineral- und Erzlagerstättenkunde I
1015/1015a Huttenlocher, Mineral- und Erzlagerstättenkunde II
1017 Döring, Einführung in die theoret. Physik V
1020 Niese-Dienst, Elektrische Schweißverfahren
1031/1031a Apel-Ludz, Philosophisches Wörterbuch
1033 Bechert-Gerthsen, Atomphysik II
1034 Kranefeldt-Jung, Therapeutische Psychologie
1035 Altheim, Römische Religionsgeschichte I
1039 Dovifat, Zeitungslehre I
1040 Dovifat, Zeitungslehre II
1044 Tölke, Talsperren
1045 Schubert, Technik des Klavierspiels
1051/1051a Stolberg-Wernigerode, Gesch. der Verein. Staaten von Amerika
1052 Altheim, Römische Religionsgeschichte II
1057 Roth, Thermochemie
1059 Hoheisel, Aufgabensammlung zu den gewöhnlichen und partiellen Differentialgleichungen
1061 Grodzinski, Getriebelehre I
1065 Haller-Dannenbauer, Von den Karolingern zu den Staufern
1070 Sauter, Differentialgleichungen der Physik
1076/1076a Endres, Verbrennungsmotoren I
1078 Troche, Stahlbetonbau
1082 Hasse-Klobe, Aufgabensammlung zur höheren Algebra
1084 Nußelt, Technische Thermodynamik I
1085 Lietzmann-Aland, Zeitrechnung
1086 Müller, Dt. Dichten und Denken
1088 Preller, Geschichte Englands II
1092 Wickop, Fenster, Türen, Tore
1094 Hernried, System. Modulation
1096 Viëtor, Deutsches Dichten und Denken
1099 Hoheisel, Integralgleichungen
1105 Hartung, Dt. Geschichte im Zeitalter der Reformation
1108 de Boor-Wisniewski, Mittelhochdeutsche Grammatik
1109 Knopp, Elemente der Funktionentheorie
1111 Naumann-Betz, Althochdeutsches Elementarbuch
1113/1113a Strubecker, Differentialgeometrie I
1114 Schubel, Englische Literaturgeschichte I
1115 Ranke, Altnord. Elementarbuch
1116 Schubel, Englische Literaturgeschichte II
1117 Haller-Dannenbauer, Eintritt der Germanen in die Geschichte
1121 Naumann, Dt. Dichten und Denken
1122 Feist, Sprechen und Sprachpflege
1123/1123a Bechert-Gerthsen, Atomphysik III
1124 Schubel, Englische Literaturgeschichte III
1125 Lehnert, Altengl. Elementarbuch
1127 Hartmann, Geschlecht und Geschlechtsbestimmung im Tier- und Pflanzenreich
1128 Buchner, Symbiose der Tiere mit pflanzl. Mikroorganismen
1130 Dibelius, Jesus
1131 Scholz-Schoeneberg, Einführung in die Zahlentheorie
1132 Frühauf, Überspannungen und Überspannungsschutz
1134 Kuckuck, Pflanzenzüchtung I
1135 Lehnert, Beowulf
1137 Heil, Entwicklungsgeschichte des Pflanzenreiches
1138 Hämmerling, Fortpflanzung im Tier- und Pflanzenreich
1140 Unger, Induktionsmaschinen
1141 Koller, Hormone
1142 Meissner-Lehnert, Shakespeare
1144 Gehler-Herberg, Festigkeitslehre I
1145/1145a Herberg-Dimitrov, Festigkeitslehre II
1146 Humburg, Synchrone Maschine
1147 v. Waltershausen, Kunst des Dirigierens
1148 Pepping, Der polyphone Satz I
1151 Nußelt, Technische Thermodynamik II
1152 Dehnert, Verkehrswasserbau III
1153/1153a Mellerowicz, Allgemeine Betriebswirtschaftslehre II

1154/1154a Mellerowicz, Allgemeine Betriebswirtschaftslehre III
1155 Schwartz-Müller, Mikrobiologie I
1156/1156a Meinke, Komplexe Berechn. von Wechselstromschaltungen
1158 Mayrhofer, Sanskrit-Grammatik
1159 Jungbluth, Gießereitechnik I
1160 Dibelius-Kümmel, Paulus
1161 Kaestner, Spinnentiere
1162 Seidel, Entwicklungsphysiologie der Tiere I
1163 Seidel, Entwicklungsphysiologie der Tiere II
1164/1164a Pepping, Der polyphone Satz II
1165/1165a Bechert-Gerthsen, Atomphysik IV
1169 Paulsen, Allgemeine Volkswirtschaftslehre I
1170 Paulsen, Allgemeine Volkswirtschaftslehre II
1171 Paulsen, Allgemeine Volkswirtschaftslehre III
1172 Paulsen, Allgemeine Volkswirtschaftslehre IV
1173 Hamann, Chemie der Kunststoffe
1175 Specht, Empirische Sozialforschung
1176/1176a Lorenzen, Formale Logik
1178/1178a Kuckuck, Pflanzenzüchtung II
1179/1179a Strubecker, Differentialgeometrie II
1180/1180a Strubecker, Differentialgeometrie III
1183/1183a Nicolas, Finanzmathematik
1184 Endres, Verbrennungsmotoren II
1185 Endres, Verbrennungsmotoren III
1186/1186a Mellerowicz, Allgemeine Betriebswirtschaftslehre IV
1187 Lau, Luther
1188 Lehmann, Photogrammetrie

Autorenregister

Adler 10
Aland 5
Altheim 4, 6
Apel 3
Asmus 12
Bahrdt 12
Baldus 11
Baumgartner 10
Bechert 11
Beck 17
Beckers 18
Beer 8
Behn 5
Berneker 8
Betz 7
Beutel 12
Bieberbach 11
Biehle 6
Blümcke 13
Böhm 11
de Boor 7
Borchers 16
Borkenstein 17
Brandenstein 8
Braun 13
Brauns 15
Bruhns 15
Buch 16
Buchner 13
Buchwald 15
Bürklen 10
Capelle 3
Chudoba 15
Dahrendorf 4, 9
Dannenbauer 5
Debrunner 8
Deckert 14
Dehnert 17
Dibelius 4
Diels 13
Dienst 17
Dimitrov 18
Döring 11
Dovifat 9
Ehrlich 4
Ekwall 7
Ende, vom 16
Endres 17
Engel 16
Erismann 4
Fauser 14
Feist 6
Fischer, F. 16
Fischer, J. 15
Fischer, P. B. 10
Flammersfeld 11
Fleischhauer 6
Freye 14
Frühauf 16
Gehler 18
Geitler 13
Gerthsen 11
Gottschald 6, 7
Graf 18
Grodzinski 16
Grossmann 18
Grotemeyer 11
Gruner 14
Haack 11
Hämmerling 13
Haller 5
Haltenorth 14
Hamann 12
Hannemann 14
Hartmann 13
Hartung 5
Hassak 12
Hasse 10

AUTORENREGISTER

Heil 13
Hempel 7
Henglein 15
Herberg 18
Hernried 4
Herter 14
Hessenberg 10
Hoerner 5
Hoffmann 8
Hofmann 9
Hofstätter 4
Hofstaetter 6
Hoheisel 10
Hohenleutner 6
Hoppe 12
Huber 13
Humburg 15
Huttenlocher 14
Jacob 6
Jaeckel 14
Jaeger 8
Jahr 12
Jander 12
Jantzen 7
Jaspers 3
Jiriczek 7
Jung 3
Jungbluth 17
Kaestner 14
Kamke 10
Kesselring 15
Kirn 5
Kleinlogel 18
Klemm 12
Klobe 10
Klug 13
Kneser 10
Knopp 10
Koch 3
König 11
Körting 18
Kolb 7
Koller 13
Kolms 9
Krahe 7
Kranefeldt 3
Kresze 12
Kropp 3
Krug 8
Krull 10
Kuckuck 13
Küchler 17
Kümmel 4
Kutzelnigg 12
Landmann 3
Langosch 7
Lau 4
Lausberg 8
Lehmann, G. 3
Lehmann, G. 18
Lehnert 7, 8
Leisegang 3
Lengerken, von 14
Lietzmann 5
Lockemann 12
Löbell 11
Lorenzen 3, 10
Lotze 14
Ludin 17
Ludz 3
Lüdemann 14
Mahler 12
Marcard 17
Matthes 16
Mattick 13
Maurer 7
Mayrhofer 8
Megede, zur 15
Meinke 15
Meissner 8
Mellerowicz 9
Meyer 8
Meysenbug 16
Moede 4, 9
Mohr 15
Moser 4
Müller, A. 13
Müller, G. 6
Müller, W. 15
Münch 13
Mutschmann 7
Naumann 6, 7
Neger 13
Nicolas 9, 11
Niese 17
Nußelt 17
Oehlmann 4
Paulsen 9
Pepping 4
Pfanzagl 9
Pirani 15
Preller 6
Ramdohr 15
Ranke 7
Reichenow 14
Ringleb 10
Rohrbach 10
Roth 12
Rumpf 5
Runge 15
Sauter 11
Schäfer 16
Scharrer 14
Scheer 12
Schilling 3
Schirmer 6
Schlenk 12
Schmidt 18
Schoeneberg 10
Scholz 10
Schubel 7
Schubert 5
Schulze, E. 15
Schulze, W. 12
Schwartz 13
Schwaiger 16
Sedlaczek 16
Seidel 14
Simmel 3
Specht 4
Sperber 6
Spree 6
Stolberg-Wernigerode zu 6
Stolz 8
Strubecker 11
Tafel 17
Teichmann 18
Thum 16
Tochtermann 16
Tölke 17
Treue 5, 6
Troche 18
Unger 15
Valentiner 11
Vasmer 8
Viëtor 6
Vogel 14
Vossler 8
Waltershausen, von 5
Weden 6
Weigert 5
Weimer 3
Werkmeister 18
Wickop 18
Wiese, von 4
Wisniewski 7
Zietemann 17
Zipperer 16

200 000 60/59 Printed in Germany

Kolibri 360 GmbH
Ferdinand-Jühlke-Straße 7
99095 Erfurt, Deutschland
produktsicherheit@kolibri360.de